CREFFTWYR LLECHI

Cyfres y Grefft:

1. **MELINAU GWLÂN**
J. Geraint Jenkins

2. **DRE-FACH FELINDRE A'R DIWYDIANT GWLÂN**
J. Geraint Jenkins

3. **CREFFTWYR LLECHI**
Alun John Richards

4. **LLWYAU TRADDODIADOL**
Gwyndaf Breese

5. **Y CWRWGL**
J Geraint Jenkins

6. **CAWS CYMRU**
Eirwen Richards

7. **CWRW CYMRU**
Lyn Ebenezer

Y GREFFT

Crefftwyr Llechi

Alun John Richards

Addasiad gan Megan Jones

Gwasg Carreg Gwalch

© *Testun: Alun John Richards 2006*

*Cyhoeddir gan Wasg Carreg Gwalch yn 2006.
Cedwir pob hawl. Ni chaniateir atgynhyrchu na darlledu
unrhyw ran/rannau o'r gyfrol hon,
mewn unrhyw ffurf na modd, heb ganiatâd ymlaen llaw.*

Rhif rhyngwladol: 1-84527-034-7

*Gwasg Carreg Gwalch,
12 Iard yr Orsaf, Llanrwst, Conwy,
Cymru LL26 0EH.
Ffôn: 01492 642031 Ffacs: 01492 641502
e-bosl: llyfrau@carreg-gwalch.co.uk lle ar y we: www.carreg-gwalch.co.uk
Argraffwyd a chyhoeddwyd yng Nghymru.*

Cydnabyddiaeth:
Dr David Gwyn
Griff R. Jones
Dr Gwynfor Pierce Jones
Dr Dafydd Roberts
Richard M. Williams
Emrys Evans, Blaenau Ffestiniog am gymorth amhrisiadwy
gydag arferion gwaith a geirfa'r chwarel

Gyda diolch arbennig i:
V. Irene Cockroft, gor-gor-gor-wyres
G.E. Magnus, arloeswr enameleiddio llechen

Y lluniau i gyd yn eiddo'r awdur neu Wasg Carreg Gwalch, ar wahân i'r isod.
Cydnabyddir y defnydd ohonynt gyda diolch:
Amgueddfa Ceredigion: 33C
Caban, diolch i Jean Napier: 25C, 29AB, 50, 51, 54CD, 62, 63, 71
Gwynfor P. Jones: 13, 59
Inigo Jones Cyf: 24, 25AB, 54A, 60B, 61, 72, 73, 74, 76
Y diweddar Dafydd Price: 60A
William Rice: 48ABC
Comisiwn Henebion Cymru: 47B
Amgueddfa Lechi Cymru: 23B, 27, 31, 40B, 65, 66AB, 68, 80, 85, 87A
R. Worsley: 14

Cynnwys

Cyflwyniad 7
Yr Aur Glas 10
Dulliau o Weithio Llechi 15
Ennill y Llechi..19
Llechi i Bopeth...22
Toi y Byd..27
Llechi ac Addysg..30
Y Blynyddoedd Aur 49
Blynyddoedd y Locustiaid 55
Aristocratiaeth Gweithwyr...59
Trenau Bach (Pwysig a Di-nôd) Cymru 64
Euro'r Lili 72
Celfyddyd Mewn Llechen 78
Llechi'r Dyfodol 82
Safleoedd y Cyfeiriwyd Atynt.....................................87

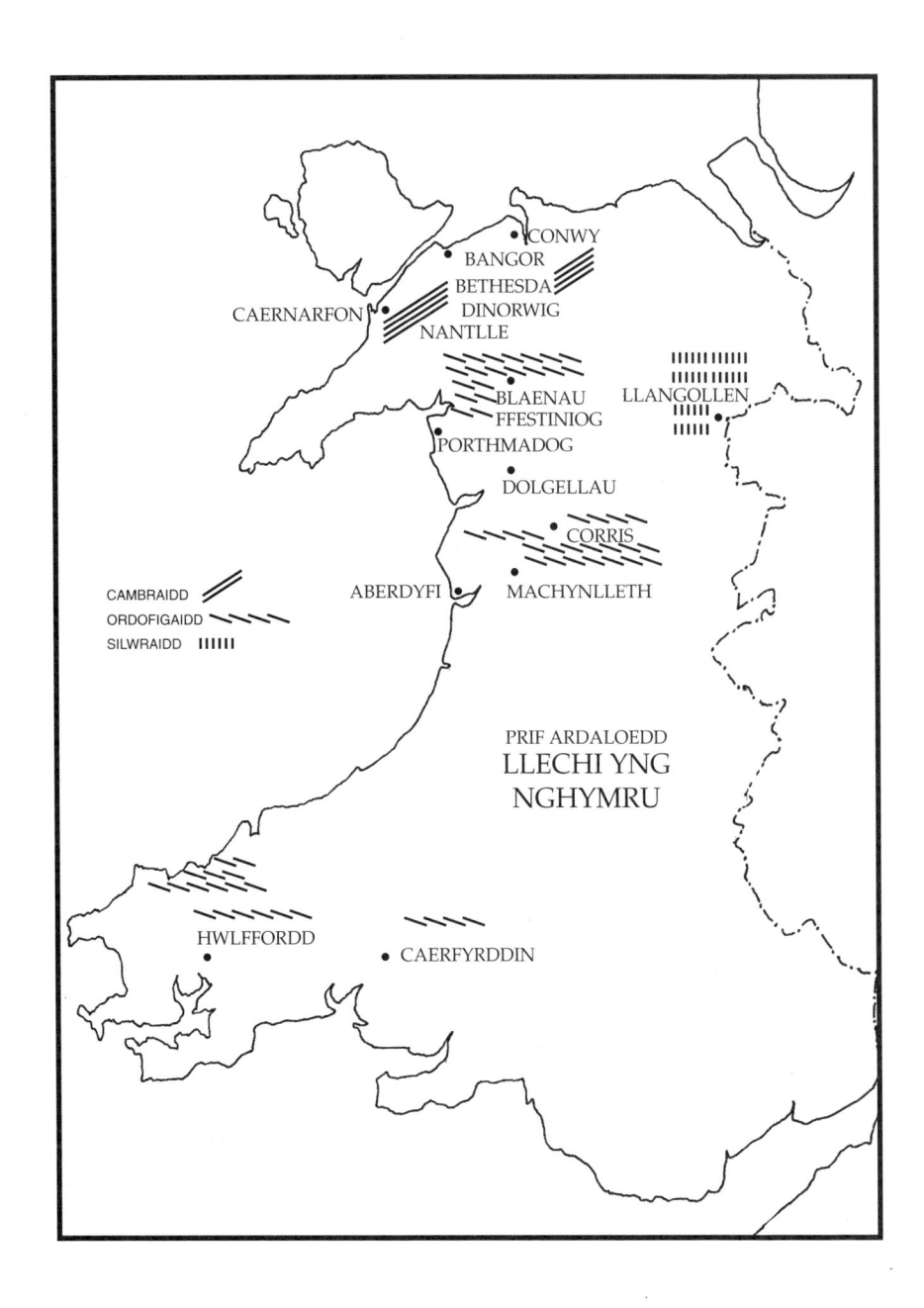

CONWY
BANGOR
BETHESDA
CAERNARFON
DINORWIG
NANTLLE

BLAENAU
FFESTINIOG
LLANGOLLEN
PORTHMADOG

DOLGELLAU

CORRIS
CAMBRAIDD
ABERDYFI
MACHYNLLETH
ORDOFIGAIDD
SILWRAIDD

PRIF ARDALOEDD
**LLECHI YNG
NGHYMRU**

HWLFFORDD
CAERFYRDDIN

Cyflwyniad

Gannoedd o filiynau o flynyddoedd yn ôl, ymhell cyn oes y Deinosoriaid, pan oedd bywyd ar y ddaear megis dechrau, roedd gwaddod a llaid moroedd a llynnoedd a gasglodd dros filiynau o flynyddoedd cyn hynny yn ffurfio'r creigiau cynharaf.

Tra bu cyfandiroedd yn crwydro a moroedd yn berwi a llosgfynyddoedd yn ffrwydro, roedd y blaned aflonydd yn taflu'r creigiau cynnar hyn blith draphlith gan eu gwthio a'u gwasgu'n ddidrugaredd. Llwyddodd grymoedd annirnad a thymheroedd anfesuradwy i uno'r haenau yn y creigiau hyn yn drwch soled. Yna, wrth i'r gwasgu didrugaredd fynd rhagddo yn ddi-baid, gorfodwyd pob gronyn yn y graig i unioni.

Y tylino hwn, a barhaodd am filiynau o flynyddoedd, drawsffurfiodd y graig yn sylwedd caled y gellid yn hawdd ei hollti yn haenau tenau. Roedd iddi gryfder nad oedd ei debyg gan unrhyw ddeunydd naturiol arall, nac yn wir gan unrhyw gynnyrch o wneuthuriad dyn hyd nes y darganfuwyd dur.

Roedd y deunydd hwn – llechfaen yw'r enw rown ni iddo - yn gryf,

Agor o dan y ddaear yn un o geudyllau Llechwedd

Dynion yn tynnu badau – chwareli Cilgerran ar afon Teifi
(ysgythriad gan W. Hughes, 1810)

yn hawdd ei weithio, yn sefydlog, yn ddurol, yn uchel ei wres cymharol ac yn ddeniadol i'r llygad, gan ei wneud yn ddeunydd mor ddefnyddiol fel – oni bai iddo fod yno eisoes – y byddai'n rhaid i rywun ei ddarganfod.

Mae llechfaen fel y cyfryw i'w ganfod yma ac acw ledled y byd ond mewn ychydig fannau dethol un unig y ceir y math y gellir ei weithio. Yng Nghymru, mae llechfaen ar gael yn weddol gyffredin, ond mewn pum ardal yn unig y ceir deunydd o ansawdd da.

1. Gogledd Sir Gaernarfon, lle mae'r graig yn perthyn i'r gyfres Gambriaidd, a luniwyd bron 500 miliwn o flynyddoedd yn ôl. Dyma'r llechfaen caletaf a mwyaf durol, ac yn ardaloedd Bethesda a Llanberis y mae i'w chanfod amlycaf. Yn ei weithio roedd y 'Chwareli Mawr', sef Penrhyn a Dinorwig, yn ogystal â nifer o chwareli llai. Mae'r gwythiennau llechfaen hyn yn mynd rhagddynt i ddyffryn Nantlle a thu hwnt, gan ddod i'r amlwg yma ac acw hefyd yn nyffryn Gwyrfai. Ar raddfa lawer llai, mae'r un gwythiennau eto'n ymestyn i'r cyfeiriad arall, sef i gyfeiriad yr arfordir gogleddol, ac ar draws wedyn i waelod dyffryn Conwy. Mae gwythiennau Cambriaidd hefyd yn gorwedd o dan gyfran

helaeth o Sir Feirionnydd ond yn llawer rhy ddwfn i fod yn werth eu cloddio, ond er hynny fe fu chwareli bach yn gweithio yn yr ardal rhwng Maentwrog ac afon Mawddach.

2. Gogledd Meirionnydd, ardal Blaenau Ffestiniog lle bu – a lle mae eto – chwarelwyr yn gweithio'r llechfaen Ordofigaidd enwog; yma ceir pum haen a gynhyrchodd lechi toi gorau'r byd – 'llygad' (llu. 'llygada') yw'r enw yn ardal Ffestiniog am yr haen yma. Mae'r daearegwyr yn dweud ei bod yn 'ieuengach' na'r Cambriaidd ond er hyn mae dros 450 miliwn o flynyddoedd oed, yn dyddio o gyfnod pan oedd y byd yn un cyfandir enfawr, Gondwana, a bywyd ar y tir yn dechrau ei amlygu ei hun.

3. De Meirionnydd lle mae'r graig Ordofigaidd i'w chanfod yn un wythïen anferth yn rhedeg o'r arfordir yn Nhywyn bron cyn belled â'r ffin gyda Lloegr. Gwnaed llawer o slabiau llechi gorau'r byd yn ardal Corris.

4. Dyffryn yr afon Dyfrdwy yn ardal Corwen a Llangollen, lle ceir llechfaen Silwraidd, sydd yn 'fwy diweddar' na'r math Ordofigaidd (rhyw 400 miliwn o flynyddoedd oed!). Mae'n llai gwyn na rhai mathau, ond bu'n cynhyrchu slabiau llechi ardderchog am gyfnod maith – ac mae'n parhau i wneud hynny.

5. Sir Benfro, ac ymlaen i ardal sir Gaerfyrddin, lle ceir rhywfaint o lechfaen Ordofigaidd, a chyn i gynnyrch gwell fod ar gael yng Ngogledd Cymru, roedd yn creu diwydiant eithaf pwysig. Un o nodweddion amlwg sir Benfro yw llechfaen Llangolman ar y ffin gyda sir Gaerfyrddin. Yn wahanol i unrhyw lechfaen Gymreig arall, mae hon wedi ei ffurfio o lwch folcanig. Roedd ei lliw gwyrdd a'i gwead gronynaidd yn sicrhau marchnad arbenigol iddi, lle gallai gystadlu yn erbyn llechi traddodiadol y prif gynhyrchwyr.

Roedd gwythiennau llechfaen o wahanol gyfresi y gellid gwneud defnydd masnachol ohonynt i'w canfod yma ac acw hefyd yn siroedd Môn, Brycheiniog a Maesyfed.

1
Yr Aur Glas

Yn ystod Oes yr Haearn defnyddid llechi fel 'leinin' i siambrau claddu; ymhellach ymlaen daeth talp o lechfaen yn ddefnyddiol fel drws neu fel pont dros dro. Defnyddid darnau llai ar gyfer mân ddibenion fel crafu crwyn anifeiliaid ac fel cerrig crasu (ar gyfer 'cacennau cri')

Defnyddiai'r Rhufeiniaid lechi ar gyfer adeiladu a llorio, ac oherwydd eu bod yn anhydraidd, ar gyfer tanciau dŵr; fodd bynnag roedd y bobl flaengar hyn yn gyfarwydd â theils yr ardal o gwmpas môr y Canoldir ac ni wnaethant sylweddoli mor addas oedd llechi ar gyfer toi, y defnydd mwyaf amlwg a phwysig a wnaed ohonynt.

Defnyddid toeau llechi yn y ddeuddegfed ganrif, ond ar gyfer yr adeiladau pwysicaf yn unig – adeiladau fel eglwysi, cestyll a'r tai mwyaf rhwysgfawr, a hynny fel arfer yn yr ardal lle cynhyrchid hwy yn unig sef ardal Cilgwyn ger Caernarfon ac o gwmpas yr ardal lle ceir Llanberis a Bethesda heddiw.

Dros y tair neu bedair canrif nesaf, ceir mwy a mwy o sôn am lechi mewn llawysgrifau a chyfeirir at chwareli penodol ar hyd afon Conwy yn sir Ddinbych, yn ne Meirionnydd a de-orllewin Cymru. Yn wir, roedd chwareli bach, byrhoedlog heb unrhyw gofnod ohonynt, yn frith yn ardal canolbarth Cymru, a phan fyddai angen toi adeilad byddai'r 'töwr' ei hun yn cloddio darn o graig o'r ddaear ac yn llunio faint bynnag o lechi fyddai eu hangen ar y pryd. 'Diwydiannau Bwthyn' oedd hyd yn oed y chwareli mwy, ac yn llythrennol felly yn achos rhai o'r chwareli yn yr ardal i'r de o Lyn Padarn lle byddai'r dynion yn cludo clytiau o lechfaen mewn cychod ac yn eu hollti'n llechi gartref.

Erbyn yr unfed ganrif ar bymtheg roedd cloddio yn dod yn gyffredin y tu allan i ogledd sir Gaernarfon – roedd Aberllefenni, i'r gogledd o Fachynlleth yn allforio llwythi yn rheolaidd ac ychydig yn ddiweddarach, fel y cynyddai maint trefi fel Caer, Amwythig - a Birmingham wrth gwrs – byddai chwareli gogledd orllewin Cymru yn anfon llwythi trol yn aml i ganolbarth Lloegr. Erbyn yr ail ganrif ar bymtheg roedd chwareli sir Benfro wedi datblygu masnach sylweddol drosodd yn Iwerddon. Wrth i'r galw am lechi gynyddu, aeth y dasg o'u hyrwyddo fwyfwy i ddwylo marchnatwyr arbenigol, – a daeth y dynion hyn yn ddylanwadol iawn o fewn y diwydiant.

Erbyn ail hanner y ddeunawfed ganrif, roedd y chwareli - yn yr

Ysgolion yn chwarel Penyrorsedd

ardaloedd mwyaf cynhyrchiol o leiaf – yn dilyn trefn masnachu ffurfiol, gyda chyflogres a hierarchaeth arolygol. Y tirfeddianwyr eu hunain oedd yn rhedeg rhai ohonynt, ond perchnogion gweithredol neu fuddsoddwyr o'r tu allan oedd yn gweithio'r mwyafrif, a hynny ar dir wedi ei brydlesu.

Ym Mlaenau Ffestiniog y gwelwyd y cyntaf o'r cwmnïau prydles hyn yn gweithredu, mewn ardal nad oedd cyn hynny yn amlwg fel ardal lechi. Menter perchen-weithredwr oedd hon, wedi ei sefydlu gan Methusalem Jones, cyn chwarelwr a thafarnwr. Yn ôl yr hanes, gwneud ei ffortiwn oedd ei freuddwyd fawr, ac yn 1765 aeth ati i gasglu criw o weithwyr ynghŷd a phrydlesu tir mynydd anial y Diffwys. Ei gloddfa ef oedd rhagflaenydd y chwarel fwy ym Mlaenau Ffestiniog, ac er na chafodd ef fwynhau'r cyfoeth a ddaeth ohoni, llwyddodd eraill yn sicr i fyw yn fras ar ei chynnyrch.

Tua'r un adeg roedd y cloddwyr a weithiai ar stad y Penrhyn ar ochr ogleddol Mynydd Elidir, ger safle pentref Bethesda heddiw, yn gwneud busnes digon taclus yn gweithredu dan "Take Notes", oedd yn golygu talu breindal ar bob tunnell a gloddid ganddynt. Yn anffodus câi perchennog stad y Penrhyn, sef John Pennant, gryn anhawster canfod faint a gloddiai pob gweithiwr a chan fod bron bob un ohonynt gyda'r cyfenw Humphreys neu Williams, ac yn gymysgedd o dadau, meibion, brodyr, ewythrod a neiaint, nid oedd mewn gwirionedd yn gallu adnabod un

To hynafol Eglwys Clynnog Fawr

gweithiwr oddi wrth y llall. Y canlyniad oedd iddo roi pawb ar un raddfa lês a threfnu i feili brynu eu holl gynnyrch a'i anfon ymlaen i asiant yn Lerpwl. Arbedodd hyn y boendod a wynebai weithredwyr chwarel Diffwys sef gorfod anfon cynrychiolydd i Lundain yn achlysurol (ar droed !!) i werthu'r llechi cyn eu hanfon gyda llong i ben eu taith.

Erbyn i John Pennant farw ym 1781 ac i Richard Pennant gymryd ei le, roedd y tenantiaid yn gwneud busnes da gyda'r drefn prydlesu/gwerthu. Roedd gweld ei denantiaid yn llwyddo yn hollol groes i weledigaeth yr Arglwydd Penrhyn newydd ac eiddgar, felly aeth ati rhag blaen i ddiddymu'r prydlesi ac i uno'r cloddfeydd i gyd yn un chwarel fawr, gan adael y tenantiaid mewn sefyllfa ddigon tebyg i sefyllfa'r caethweision ar blanhigfa'i deulu yn India'r Gorllewin.

Ar ochr arall Mynydd Elidir, roedd Assheton Smith, perchennog stad y Faenol, hefyd wedi cael llond bol ar anfon ei asiant ar hyd a lled y mynydd ar ôl y cloddwyr i geisio casglu breindaliadau, felly ym 1787 trefnodd yntau i gyfuno'r cloddfeydd i gyd a ffurfio un chwarel fawr, sef chwarel Dinorwig.

Wedi clywed am lwyddiant y tirfeddianwyr gyda'r chwareli hyn, penderfynodd criw o gyfreithwyr a dynion busnes o Gaernarfon y gellid dilyn yr un camau gyda thir y Goron ar Gomin y Cilgwyn. Gan sefydlu Cwmni Cilgwyn ym 1800, dyna sicrhau prydles ar bron y cyfan o'r tir rhwng dyffryn Nantlle a dyffryn Gwyrfai. Roedd Pennant ac Assheton Smith wedi cael digon o drafferth yn perswadio'r dynion oedd yn gweithio ar eu tiroedd i dderbyn cyflog yn hytrach na gweithredu trefn breindal, ond roedd perswadio cloddwyr y Cilgwyn yn dasg ganwaith caletach i Gwmni Cilgwyn. Gellid deall yr anfodlonrwydd hwn gan fod Asiant y Goron ers tro byd wedi rhoi'r gorau i geisio casglu unrhyw rent ac oherwydd hynny roedd y dynion wedi bod yn cloddio yn rhad ac am ddim ers blynyddoedd. Roedd methu â chasglu taliadau, yn ogystal â gorwario wrth brynu chwareli mewn ardaloedd cyfagos yn golygu mai methiant llwyr fu Cwmni Cilgwyn, y fenter gyntaf yng Nghymru i'w sefydlu trwy fuddsoddiad.

Daeth anawsterau pellach yn sgil rhyfeloedd Napoleon. Cymerodd y fyddin

Chwarel Glanrafon

y rhan fwyaf o'r ceffylau ac roedd porthiant i'r ychydig oedd yn weddill yn costio crocbris; ar ben hynny roedd gofynion y llynges yn creu prinder coed a haearn. Yr ergyd galetaf i'r diwydiant llechi oedd y dreth ar fasnachu gyda'r glannau – treth a orfodwyd mae'n debyg er mwyn diogelu 'r llynges rhag morladron o Ffrainc.

Hyd yn oed yn y 1820au pan oedd y wlad yn dechrau adennill rhyw fath o sefydlogrwydd ar ôl cyfnod o ryfela, roedd y dreth hon yn dal i rwystro'r diwydiant llechi Cymreig rhag bod yn gystadleuol.

Ym 1823 gwnaeth Samuel Holland y daith enwog ar droed o Lerpwl i ddiswyddo'r rheolwr meddw oedd yn rhedeg chwarel ei dad ym Mlaenau Ffestiniog ac i gymryd cyfrifoldeb am redeg y chwarel ar ei ysgwyddau ei hun. Mewn cwta dwy flynedd roedd wedi ei chodi ar ei thraed ac wedi ei gwneud mor llwyddiannus fel y bu i'r ariannwr Nathan Rothschild ffurfio'r Cwmni Llechi Cymreig (y Welsh Slate Company) a gwneud cynnig 'na allai ei wrthod' i Holland.

Am £28,000 (£1.75 miliwn heddiw) roedd hwn yn swm afresymol, yn enwedig gan fod y dreth ar fasnachu yn llyncu'r elw. Rhoddodd cyfranddalwyr y Cwmni Llechi Cymreig berswâd ar Rothschild i dreulio rhagor o amser gyda'i deulu gan benodi'r Arglwydd Palmerston – y Gweinidog Tramor ar y pryd – yn ei le. Cyn gynted ag y darganfu Palmerston bod y dreth llechi yn andwyo'r busnes, diddymwyd y dreth!

CYNLLUN CHWAREL AGORED.

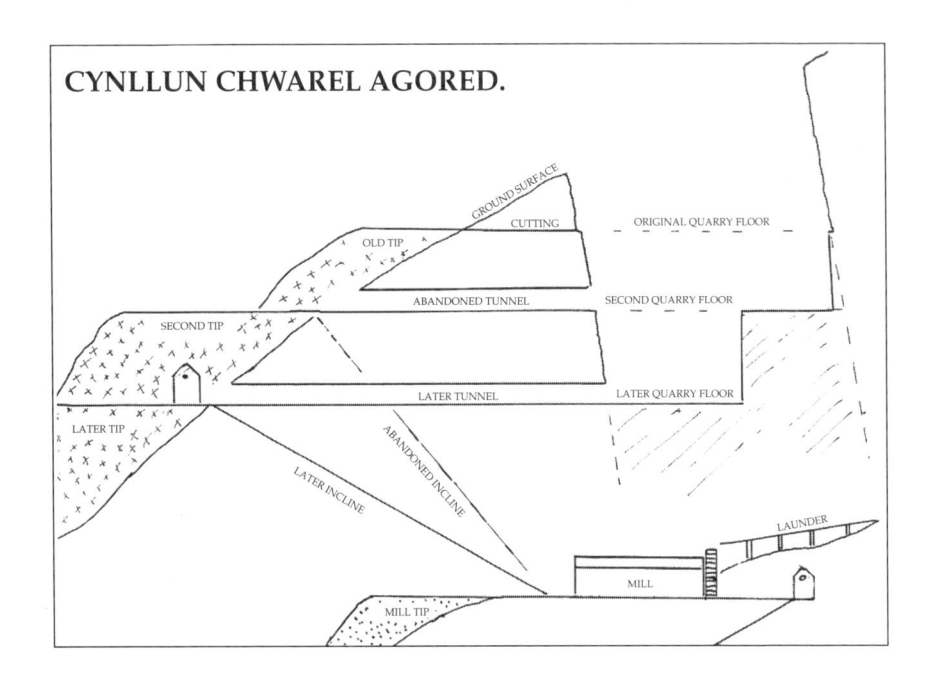

Y bonc a'r twll chwarel yn Rosebush (Sir Benfro). Rwbel o boptu, 'waliau gweithio' (cytiau hollti a naddu) ar y bonciau, melin a rwbel melin isod

2
Dulliau o Weithio Llechi

Wedi diddymu'r Dreth Lechi ym 1831, roedd llechi Cymru ar y ffordd i ddod yn ddiwydiant bone fide, gan wasanaethu marchnad genedlaethol oedd yn prysur ddod yn rhyngwladol. Gyda'r galw yn cynyddu'n gyson a'r prisiau yn cynyddu'n flynyddol bron, daeth bri ar fuddsoddi arian mewn chwareli, a gwelwyd datblygiadau a gwelliannau o bob math.

Byddai unrhyw chwarel fel arfer yn cychwyn trwy ganfod a phrofi brig, yna yn unol â goleddf y wythïen a rhediad y tir, câi ei gweithio yn ôl un o dri dull –
1. Cloddio i ochr y mynydd yn null y chwarel draddodiadol
2. Os byddai'r tir yn wastad, fel ar lawr dyffryn, tyllu i lawr i ffurfio pwll
3. Cloddio dan ddaear ac os byddai'r wythïen yn dyfnhau, byddai'n rhaid symud mwy a mwy o ddaear o'r neilltu.

Fel byddai chwarel agored yn mynd rhagddi i grombil y mynydd, byddai wyneb y gwaith yn mynd yn uwch ac yn uwch, ac unwaith y cyrhaeddai tua 100' a rhagor, byddai problemau diogelwch a pherygl i'r graig ddisgyn. Yr ateb oedd gweithio ar nifer o lefelau gyda phellter fertigol o tua 60'-70' rhyngddynt. Byddai hyn nid yn unig yn cadw uchder yr wyneb dan reolaeth, ond hefyd yn galluogi nifer fawr o griwiau i weithio ar yr un pryd. Yn chwareli Penrhyn a Dinorwig byddai nifer o griwiau yn gweithio ar tuag ugain lefel yr un pryd, gan ei gwneud yn bosibl cyflogi miloedd o ddynion.

Yn y cyfnod cynnar câi'r graig ei chloddio drwy ddefnyddio trosolion neu trwy yrru lletemau i hafnau ac asiadau naturiol. Gellid hefyd wlychu lletemau coed neu galch brwd a'u defnyddio i ledu'r holltau; yn wir manteisiai rhai cloddfeydd yn sir Benfro ar y llanw i wneud y gwaith hwn drostynt. O ddiwedd y ddeunawfed ganrif ymlaen gwneid defnydd cynyddol o ffrwydron gan eu gosod mewn tyllau a ffurfid trwy dyllu'r graig gyda theclyn tebyg i bicell, sef yr ebill mawr, a elwid yn 'jympar'.

Roedd tyllu'r llechfaen, heblaw bod yn waith caled, hefyd yn dasg arbenigol gan fod yn rhaid i ddyfnder, ongl a lleoliad y tyllau ffrwydro fod wedi eu cynllunio'n ofalus er mwyn llacio cymaint o graig â phosibl a malurio cyn lleied â phosibl.

Câi'r graig na ellid ei defnyddio – gallai hyn fod yn dri chwarter neu ragor yr hyn a dynnid oddi ar yr wyneb – ei rhoi ar y domen rwbel, gan obeithio na fyddai yn rhwystr i unrhyw safle cloddio yn y dyfodol – a châi'r cyfan o'r deunydd da ei lwytho a'i gludo ymaith mewn wagenni, ac ar sledi ar yr inclên fel arfer.

Yn ddelfrydol byddai pob symudiad tuag i lawr. Gyda chymorth dau drac gyda drwm a digonedd o raff, gellid defnyddio pwysau'r wagenni oedd yn mynd tuag i lawr i dynnu'r wagenni gweigion tuag i fyny. Roedd tynnu pwysau i fyny yn gofyn am bŵer – winsh llaw, winsh ceffyl, olwyn ddŵr, a stêm neu drydan ymhellach ymlaen. Y dull symlaf o godi oedd gyda chlorian ddŵr. Fel gyda'r inclên, disgyrchiant a ddefnyddid i yrru llwythi i lawr, ond roedd i hwn ddau drac gydag un yn cario tanc dŵr ar olwynion. Roedd pwysau'r tanc hwn pan oedd yn llawn yn ddigon i dynnu wagen â llwyth arni i fyny'r trac arall, ac wedi gwagio'r tanc roedd yn ddigon ysgafn i dryc oedd ar ei ffordd i lawr ei godi'n ôl i ben yr inclên. Defnyddid dull cyffelyb yn chwarel y Penrhyn ac i raddau llai yn chwareli Nantlle, sef clorian ddŵr fertigol yn gweithio ar yr un egwyddor ond mewn shafft.

Mewn mannau fel Nantlle, câi llechi eu hennill trwy dyllu i'r ddaear ar lawr y dyffryn, a gweithio o lefelau a ffurfid wrth i'r pwll ddyfnhau. Heblaw'r baich o bwmpio, roedd yn rhaid codi pob deunydd, yn graig ddefnyddiol a rwbel, i'r wyneb, a hynny ar y cychwyn gyda cheffylau neu ddynion yn dirwyn hoistiau.

Wrth i'r twll chwarel ehangu, byddai rampiau'r inclên yn rhwystro symudiadau, a dyna sut y datblygodd yr inclên gadwyn. Y syniad oedd hongian y llwythi wrth chwerfan yn rhedeg ar raff sefydlog gyda phŵer stêm, trydan neu olwyn ddŵr yn eu tynnu. Amrywiad ar yr inclên gadwyn a ddefnyddid yn eang yn nyffryn Nantlle oedd y Blondin. Gyda'r rhain, yn hytrach na bod y rhaff yn mynd i waelod y twll, roedd wedi ei hymestyn ar dyrrau o boptu'r twll. Gellid gosod chwerfan ar unrhyw ran ohoni, gan ei gwneud yn bosibl codi llwythi mewn gwahanol fannau.

Y dull olaf a mwyaf diddorol o gloddio oedd dan y ddaear lle gweithid y gwely llechfaen trwy dwnelu iddo a gweithio 'tuag i fyny'. Yn union fel gweithio nifer o lefelau mewn chwareli agored, gellid ychwanegu at wyneb y gwaith trwy dyllu nifer o dwnelau i mewn i'r wythïen ar wahanol lefelau. Byddai'r cloddio tuag i fyny yn y diwedd yn cyrraedd y lefel uwchben a byddai hyn yn y man yn creu gwagle enfawr ar ogwydd.

Câi'r broses hon ei dilyn yr un pryd yn llorweddol gan greu nifer o agorydd gyda wal o graig (piler) rhyngddynt yn diogelu'r graig uwchben.

Fel yn achos y chwareli agored, byddai llawer o waith yn mynd ymlaen ar wyneb y graig yn uchel uwchben y llawr ond golygai'r amodau llaith fod yn rhaid i'r sawl a weithiai ar wyneb y graig ddefnyddio cadwyn haearn front yn hytrach na rhaff wedi ei chlymu o amgylch un glun. Ar ben hynny, byddent yn gweithio wrth olau cannwyll mewn tywyllwch dudew (a'r dynion eu hunain yn gorfod prynu'r gannwyll, yn ogystal â ffrwydron, ffiws, celfi a thalu'r gof am waith ar yr arfau). Roeddynt mewn perygl beunyddiol y byddai darnau o graig yn disgyn o uchder o tua hanner can troedfedd a mwy uwchlaw iddynt – yr unig ffordd i asesu maint y perygl fyddai dringo i fyny ar ysgolion ond roedd hynny ynddo'i hun yn llawer rhy beryglus.

Erbyn hyn mae pob chwarel lechi danddaearol wedi cau. Bellach mae'n bosibl symud tomennydd rwbel gyda pheiriannau pwerus, ac ym Mlaenau Ffestiniog, lle bu cymaint o gloddio tanddaearol ar un adeg, erbyn hyn cloddio ar yr wyneb yn unig a wneir yno. Y broses yn awr yw symud y gwastraff oddi ar wyneb hen chwareli a gweithio'r darnau craig da sef y pileri a adawyd ar ôl i gynnal toeau'r agorydd.

*Llwytho darn o lechfaen ar sled.
Fe'i gelwir yn 'slediad'.*

Tyllu gyda'r jympar

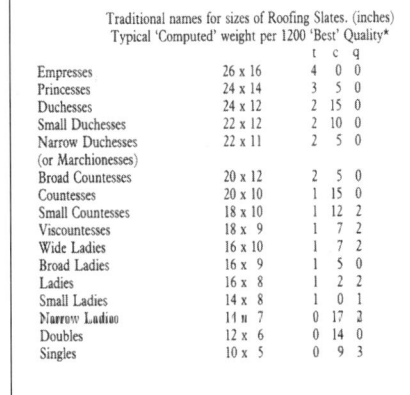

Traditional names for sizes of Roofing Slates. (inches)
Typical 'Computed' weight per 1200 'Best' Quality*

		t	c	q
Empresses	26 x 16	4	0	0
Princesses	24 x 14	3	5	0
Duchesses	24 x 12	2	15	0
Small Duchesses	22 x 12	2	10	0
Narrow Duchesses (or Marchionesses)	22 x 11	2	5	0
Broad Countesses	20 x 12	2	5	0
Countesses	20 x 10	1	15	0
Small Countesses	18 x 10	1	12	2
Viscountesses	18 x 9	1	7	2
Wide Ladies	16 x 10	1	7	2
Broad Ladies	16 x 9	1	5	0
Ladies	16 x 8	1	2	2
Small Ladies	14 x 8	1	0	1
Narrow Ladies	14 x 7	0	17	2
Doubles	12 x 6	0	14	0
Singles	10 x 5	0	9	3

Llechi o'r ddeunawfed ganrif

To o'r ddeunawfed ganrif wedi ei ailosod

3
Ennill y Llechi

Ar y cychwyn gwerthid llechi yn ôl eu pwysau waeth beth oedd eu maint, ac fel arfer byddai un pen i'r lechen yn grwn neu'n bigfain a thwll yn y pen hwnnw lle hoelid peg i'w dal. Llechi trwchus, bras oeddynt, wedi eu naddu yn ddigon blêr, ac oherwydd eu bod yn anwastad roedd yn ofynnol rhoi mwsogl rhyngddynt er mwyn iddynt wrthsefyll pob tywydd. Dim ond ar gyfer adeiladau gwirioneddol urddasol fel eglwysi cadeiriol y gellid fforddio llechi mawr, gwastad a phetryal.

Gyda gwell technegau a chynnydd yn y galw am lechi o faint safonol, yn ystod y ddeunawfed ganrif y datblygodd ffurf y lechen fodern - yn betryal ac angen dwy hoelen. Ar y dechrau roedd y rhain mor fach â deng modfedd wrth bum modfedd ('Singles') a dilynwyd y rhain gan rai yn mesur deuddeng modfedd wrth chwe modfedd ('Doubles').

Wrth i ddulliau cynhyrchu wella, daeth yn fwy ymarferol cynhyrchu llechi mwy. Erbyn dechrau'r 1800au roedd chwarel y Penrhyn yn cynnig y meintiau newydd hyn dan yr enwau 'bonedd benywaidd' y gwyddom yn dda amdanynt. Yn y diwedd roedd y meintiau hyn – a fabwysiadwyd yn fuan gan y diwydiant cyfan – yn amrywio o'r Narrow Ladies (14"x 7") i'r 'Empresses' (26" x 16"). Roedd meintiau mwy na'r rhain hyd yn oed ar gael trwy archeb arbennig ond nid oedd enwau arnynt.

Gan nad oedd llechi mawr yn cymryd mwy o amser i'w gosod na llechi bach, ac oherwydd bod angen llai o goed i'w cynnal, gellid hawlio pris uwch am y llechi mwy, a gallai dyblu'r maint olygu treblu'r pris. Felly roedd yn werth chweil i'r chwareli gynhyrchu llechi o'r maint mwyaf posibl y gellid ei gael allan o unrhyw glwt penodol. Roedd 'ansawdd' – sef trwch y lechen - hefyd yn pennu'r pris. Gan fod llechi teneuach yn rhatach i'w cludo ac oherwydd y gellid defnyddio coed ysgafnach i'w cynnal, byddai'r defnyddiwr yn fodlon talu mwy amdanynt. Câi prisiau eu cyhoeddi yn flynyddol, wedi eu pennu gan 'arweinwyr y farchnad' sef Penrhyn a Dinorwig (yn ôl eu mympwy hwy eu hunain). Gallai'r ddwy chwarel hyn, oedd yn gweithio'r gwythiennau gorau, gynhyrchu digonedd o lechi mawr o'r ansawdd gorau, ac yna wedi sicrhau elw digonol ar y rhain, gallent fforddio i gynnig y llechi llai a gwaelach am brisiau isel. Roedd hyn yn newydd drwg iawn i'r chwareli bach niferus oedd â'u craig yn fân oherwydd y toriadau niferus ynddi ac yn cynhyrchu llechi oedd ar y cyfan yn drwchus a llai na pherffaith.

Yn y diwedd cynigid rhyw ddau ar bymtheg o wahanol feintiau, y cyfan wedi eu graddio yn dri gwahanol ansawdd, ac hefyd ceid 'Rags', 'Ton slates' a mathau eraill isel eu gwerth, felly gallai chwarel ei chael ei hun yn cario stoc helaeth ond yn gorfod gwrthod archebion am y mathau poblogaidd a mwyaf proffidiol.

Yn draddodiadol, ni fyddai'r dynion oedd yn gweithio'r graig ac yn naddu'r llechi yn derbyn cyflog fel y cyfryw, ond bob rhyw bedair wythnos byddai criw o bedwar neu chwech o ddynion yn taro 'bargen' gyda'r Stiward Gosod ar gyfer gweithio rhan benodol o wyneb y graig, gan fargeinio am bris yn unol â'r anawsterau a ragwelid a'r cynnyrch a ddisgwylid. Gan mai 'dyn y meistr' oedd y Stiward Gosod, byddai'r bargeinio braidd yn unochrog ac yn ôl y sôn gallai cildwrn, ffafr neu aelodaeth capel ddylanwadu ar y pris gosod.

Fel arfer byddai dau ddyn yn cloddio a dau arall yn cynhyrchu'r llechi. Wedi astudio gorweddiad y graig, ei graen a llinellau'r toriadau, byddai dynion y graig yn rhyddhau neu yn ffrwydro darn o graig o'i gwely yn y gobaith o gael deunydd gwerth chweil.

Labrwyr fyddai'n cario'r deunydd gwastraff i'r domen. Mae'n syniad brawychus bod pob owns o'r chwarter miliwn tunnell o wastraff chwarel sydd yn dal i orwedd ar lethrau rhai o fynyddoedd gogledd Cymru, wedi ei gludo ddarn wrth ddarn gan y labrwyr.

Byddai ail hanner y criw wedyn yn mynd ati i drin y deunydd crai a anfonwyd gan y 'creigwyr', gan ei hollti er mwyn cael darn o faint hwylus gyda wyneb cyflin, rhyw $2^1/_2$ modfedd o drwch efallai, ac a fyddai'n rhoi llechi mor fawr, mor wastad ac mor denau â phosibl. Mewn wal weithio gerllaw, câi'r clwt hwn ei hollti yn ei hanner ac yn ei hanner eilwaith gyda gordd a chŷn llydan, a elwir yn 'cŷn manollt', nes cynhyrchu nifer o lechi afreolaidd eu ffurf. Byddai ei bartner yn cymryd y rhain ac yn eu trin yn betryal trwy eu marcio gyda ffon fesur a'u naddu'n union gyda'r 'gyllell bach'. Mewn cyfnod diweddarach, ym Meirionnydd neu ble bynnag y câi llechfaen Ordofigaidd neu Silwraidd ei gweithio, defnyddid peiriannau naddu a droid gan gamdro llaw neu droedlath.

O ganol y bedwaredd ganrif ar bymtheg ymlaen, symudwyd y gwaith o drin y llechi o'r waliau agored lle'r arferai'r dynion weithio i adeilad melin lle roedd ynni ar gyfer troi'r peiriannau naddu a'r peiriannau llifio.

Roedd y llifiau hyn, a ddefnyddid gynt ar gyfer torri yn unig, yn dod yn fwyfwy cyffredin ar gyfer sgwario'r clwt fel na fyddai fawr ddim gwaith naddu ar y lechen wedi ei hollti. Roedd y 'Melinau Integredig' hyn gydag efallai ugain o fyrddau llifio a'r un nifer o beiriannau naddu, yn nodwedd amlwg yn chwareli ardal Blaenau Ffestiniog.

Byddai chwareli megis Penrhyn a Dinorwig yn aml yn canfod bod eu craig galed a brau, sef y graig Gambriaidd, yn chwalu wrth gael ei thrin â pheiriant, ac er iddynt wneud peth defnydd o gilotinau neu gyllyll troedlath, roedd yn rhaid iddynt ddibynnu'n helaeth ar drin â llaw hyd ddiwedd yr ugeinfed ganrif pan ddaeth peiriannau lled-otomatig ar gael a'r rhain yn gallu ymdrin â'r deunydd caletach.

Erbyn hyn roedd y byrddau llifio – sef addasiadau o offer y seiri coed – wedi hen ddiflannu a llifiau diamwnd, trydanol, cyflym wedi cymryd eu lle. Ond er gwaethaf ymdrechion dros gyfnod o gant a hanner o flynyddoedd a mwy, ni chafwyd unrhyw beiriant a allai hollti cystal â dyn gyda gordd a chŷn manollt.

Peiriant naddu a weithid â llaw – dyfais J. W. Greaves

4
Llechi i bopeth

Ar un adeg, dau brif ddefnydd oedd i lechfaen – ei hollti ar gyfer llechi toi a'i defnyddio fel beddfaen – y cynharaf o'r rhain yn slabiau wedi eu ffurfio'n hirsgwar gyda chynion a'u rhoi i orwedd ar wyneb y bedd, gyda llythrennau cyntaf yr ymadawedig wedi eu torri'n fras arnynt, ac ambell dro y dyddiad hefyd wedi ei ychwanegu. Ymhellach ymlaen, fel y datblygai'r grefft o ysgythru, torri a siapio, daeth y slabiau gorweddog yn feini talsyth gydag arysgrifau ac addurniadau cymhleth arnynt. Mae'r rhengoedd cymysg a geir mewn mynwentydd Cymru, yn amrywio o slabiau syml i feddrodau addurnedig, yn adlewyrchu sefyllfa'r meirw pan oeddynt fyw ac yn nodwedd llawer amlycach o Gymru nac unrhyw gennin pedr na draig goch.

Wedi i lifio ddod yn gyffredin yn y bedwaredd ganrif ar bymtheg, roedd yn bosibl cynhyrchu slabiau mewn nifer o ffurfiau heblaw petryal, gan agor marchnad newydd sbon ar gyfer llechi. Llifiau llaw, yn defnyddio tywod, oedd y rhai cynharaf, tebyg i'r llif coed a weithid gan ddau ddyn, ond heb ddannedd ar y llafn, ac i hwyluso'r broses o dorri rhoddid tywod gwlyb yn y llifdoriad. Gosodid y clwt bob amser yn wastad gydag un wyneb hollt i lawr fel y byddai'r toriad yn hir ond yn fâs. Ar gyfer gwaith manwl defnyddid llifiau llaw tebyg i'r rhai a ddefnyddid gan seiri coed.

Erbyn dechrau'r bedwaredd ganrif ar bymtheg cafwyd llifiau tywod yn cael ei gweithio gan olwynion dŵr ac yn fuan wedyn disodlwyd y rhain gan lifiau crwn a dannedd arnynt oedd yn llawer cyflymach a mwy effeithlon. Erbyn canol y ganrif y rhain a ddefnyddid ymhobman bron, a gallai'r diwydiant ymateb i'r galw cynyddol am slabiau llechi ar gyfer amrywiaeth dibendraw o ddibenion. Wedi i beiriannau plaenio, sgleinio, turnio a chylchu ddod ar gael, hawdd fyddai credu bod y posibiliadau ar gyfer llechfaen yn ddiddiwedd.

Yn y cyfnod hwn, yn sgil y chwyldro diwydiannol, roedd galw cynyddol am dai i weithwyr; daeth galw am lechi toi a marchnad i lechi ar gyfer lloriau, grisiau, silffoedd, linterydd, byrddau llechen a silffoedd pen tân, a chan fod grât ymhob ystafell o'r bron roedd angen nifer fawr o'r rhai olaf hyn. Roedd y diwydiant amaeth yn galw am gytiau moch a stalau yn ogystal â chistiau bwyd anifeiliaid a sestonau a'r diwydiannau cynhyrchu yn galw am gerwyni a thanciau yn ogystal â meinciau labordy

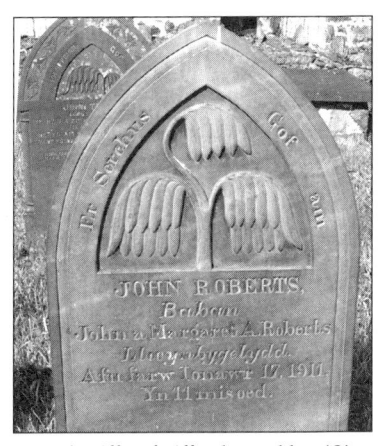

Enghraifft o fotiff palmwydden (Sir Gaerfyrddin)

Pen pilastr wedi ei gerfio

a byrddau gweithdy. Roedd llechen yn y bedwaredd ganrif ar bymtheg mor werthfawr a hanfodol â phlastig yn y ganrif wedyn.

Gyda'r cynnydd mewn masnach dramor yn oes Fictoria daeth galw am lechi ar gyfer lloriau storfeydd yn y porthladdoedd – lloriau a allai wrthsefyll tryciau gydag olwynion haearn arnynt, gwrthsefyll staen a bod yn hawdd eu glanhau. Wrth i ymwybyddiaeth o iechyd y cyhoedd ddod yn fwyfwy blaenllaw daeth galw am arwynebau anhydraidd ar gyfer llaethdai ac ystafelloedd paratoi bwyd. Roedd llechen yn ddelfrydol ar gyfer yr holl ofynion hyn, ac oherwydd bod ei gwres cymharol yn uchel roedd hefyd yn ddelfrydol ar gyfer cadw nwyddau yn oer. Oherwydd ei bod yn hawdd ei glanhau, roedd y defnydd a wneid ohoni yn anhygoel o eang – o slabiau marwdai i bisdai dynion, er nad oedd mor boblogaidd ar gyfer seddau toiled!

Wrth i gymdeithas ffynnu, daeth galw am nwyddau mwyfwy addurniadol – daeth gratiau oedd gynt yn silff a dwy ochr, yn greadigaethau cain, ac roedd hyd yn oed y cartrefi mwyaf cyffredin yn ymfalchïo mewn gratiau pur gymhleth. Wrth i yswiriant bywyd ddod yn boblogaidd, daeth cerrig beddau yn gofebion rhwysgfawr a blodeuog. Un defnydd pur arswydus o lechen oedd yr arch y gellid ei hail ddefnyddio, ac a roddai urddas i angladd y tlawd a'r digartref. Roedd y rhain yn aml yn addurnedig iawn ac wedi eu hadeiladu heb waelod iddynt fel y gellid eu codi'n hawdd o'r bedd.

Roedd hyn i gyd yn newydd da i'r chwareli ac er bod yr elw fesul tunnell yn llai ar slabiau mawr nag ar lechi toi, roedd y slabiau yn llawer rhatach i'w cynhyrchu. Hefyd nid oedd y chwareli mawr fel arfer yn prisio slabiau yn ofalus nac yn nodi o ba chwarel y deuent – yn wahanol i lechi toi lle byddai prynwyr yn mynnu llechi 'Bangor' neu lechi 'Porthmadog' yn ôl eu dewis.

Roedd creu darn gorffenedig allan o slaben noeth yn gwneud trin llechfaen yn fwy proffidiol byth, ac o ganlyniad byddai rhai chwareli yn cynhyrchu nwyddau ar y safle, yn enwedig eitemau syml fel silffoedd pen tân. Fodd bynnag, masnachwyr annibynnol a wnâi'r mwyafrif o'r gwaith hwn, gan mwyaf cwmnïau fel Crawia, wedi eu lleoli gerllaw rheilffordd neu, yn fwy arferol efallai, yn ymyl porthladd. Roedd ym Mangor a Chaernarfon tua hanner dwsin o gwmnïau o'r fath, roedd o leiaf ddau ym Mhorthmadog ac eraill ym Mhwllheli, Porth Penrhyn a'r Felinheli, a chymaint â thri yn Aberystwyth. Yn ogystal, câi llawer o waith ar slabiau llechi ei gwblhau mewn trefi a dinasoedd ledled Prydain. Y masnach hwn mewn slabiau oedd y grym y tu cefn i fecaneiddio'r chwareli ymhellach a datblygu peiriannau ar gyfer eu trin.

Cafodd y diwydiant llechi Cymreig ei feirniadu – a hynny'n ddigon teg – am lynu'n rhy hir wrth ddulliau canol y bedwaredd ganrif ar bymtheg, ond yn yr ugeinfed ganrif daeth cyfnod o arbrofi oedd yr un mor fentrus a blaengar â'r cyfnod anturus gynt. Mabwysiadwyd technegau fel llifiau gwifren, peiriannau awtomatig, mesurau laser, rheolaeth gyfrifiadurol a jetiau dŵr. Mabwysiadwyd hefyd rai technegau annhebygol iawn megis y peiriannau torri craig a ddyfeisiwyd ar gyfer ail leoli teml Abu Simbel yng ngogledd gwlad yr Aifft – defnyddiwyd y rhain yn ddiweddarach i ennill y graig yn Aberllefenni.

Ochr yn ochr â'r datblygiadau mecanyddol a pheirianyddol yn y chwareli, roedd eu peirianneg sifil yr un mor fentrus a blaengar; cafodd

Cario slabiau i felin Aberllefenni

prosiectau enfawr eu dylunio a'u hadeiladu 'gartref' gan y chwareli eu hunain – prosiectau fel Pont Fawr Chwarel yr Oakeley, a'r inclenau sydd ar ochrau'r mynyddoedd ym Mlaenau Ffestiniog ac wrth droed yr Wyddfa. Hefyd roedd y gwaith arloesol gan Moses Kellow o chwarel Croesor a Martyn Williams Ellis o chwarel y Llechwedd, ym maes cynhyrchu a chymhwyso ynni trydanol, yn gamau o bwysigrwydd byd-eang.

Trosglwyddo slabiau o Reilffordd Corris i Reilffyrdd Cambrian ym Machynlleth

Melin Aberllefenni

Dau greigiwr yn rhyddhau rhan o'r gwely llechfaen mewn agor o dan y ddaear yn Chwarel yr Oakeley

Cist fwyd

Olwyn o lechfaen ar gyfer malu rhisgl yn y tanerdy ger Llanbedr

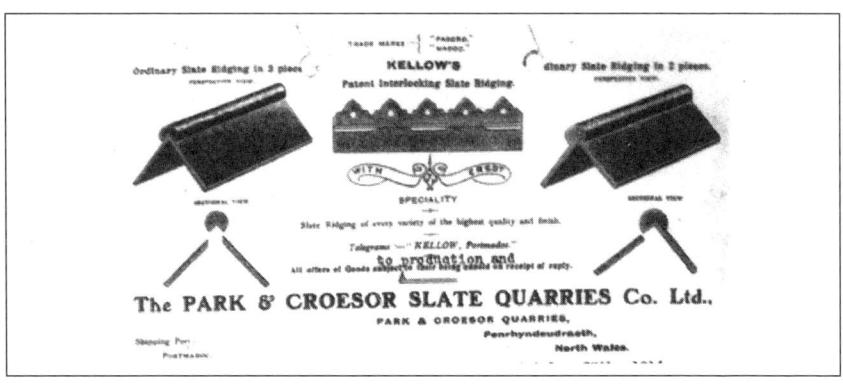

Llechi brig – dyfais Kellow, chwarel y Parc

Drysau ystafell sychu, adran enamlo, chwarel Rhiw'r Gwreiddyn, Corris

5
Toi y byd

Byddai'r towyr cynnar yn cloddio am eu llechi eu hunain ac yn eu naddu'n fras nes bod ganddynt gasgliad o lechi yn amrywio'n fawr o ran maint a thrwch. Yna byddent yn mynd trwyddynt ac yn dewis y rhai mwyaf ar gyfer cwrs cyntaf y to (sef yr isaf) ac wedyn yn ychwanegu cwrs ar gwrs – y llechi yn mynd yn llai, ac felly hefyd y pellter rhwng y coed yr hoelid y pegiau iddynt; roedd yn bwysig sicrhau eu bod yn gorgyffwrdd yn ddigonol i gadw'r glaw a'r gwynt allan. Byddai rhoi ongl serth i'r to yn golygu llai o orgyffwrdd, ond yn cynyddu'r arwynebedd. Roedd dewis yr ongl orau i fyny i'r brig yn galw am lygad craff gan fod y llechi yn aml ymhell o fod yn wastad ac roedd angen cryn sgil i ddewis llechi a fyddai'n gorwedd yn glyd ochr yn ochr heb angen fawr ddim mwsogl rhyngddynt. I orffen y gwaith defnyddid y llechi lleiaf un ar y brig; defnyddid llechi bach hefyd yng nghafnau'r to, yn aml wedi eu gwthio'n dynn at ei gilydd heb unrhyw beg i'w dal.

Roedd hyn oll yn berffaith dderbyniol ar gyfer adeiladau bach, unigol, ond pan ddechreuwyd datblygu adeiladau wrth y miloedd yn ystod chwyldro'r bedwaredd ganrif ar bymtheg, roedd llechi unffurf a hawdd eu gosod yn hanfodol o safbwynt ymarferol a masnachol.

Llwytho llechi yn y Felinheli

Wrth i'w maint ddod yn safonol a'u hansawdd yn ddibynadwy, cafodd llechi Cymru eu cydnabod a'u derbyn ledled y byd. O bosibl bod rhywfaint o ddadlau yn America, Argentina neu Awstralia ynglŷn â rhagoriaethau llechi 'Bangor' o'u cymharu â llechi 'Porthmadog' ond roedd y byd i gyd yn unfarn mai'r peth pwysig oedd eu bod yn llechi Cymru.

Ffynnodd dwsin neu ragor o borthladdoedd o gwmpas arfordir Cymru o Gonwy i Geredigion a thu hwnt, trwy allforio llechi i bob gwlad o Fwscofi i Fadagascar. Yn y porthladdoedd hyn roedd morwyr ac adeiladwyr llongau llewyrchus yn mwynhau cefnogaeth gan ddiwydiannau gwasanaethu fel ffowndrïau, melinau coed, gwneuthurwyr hwyliau a rhaffau, masnachwyr yn ogystal ag yswirwyr, broceriaid llongau ac ysgolion mordwyaeth (cynhelid y rhain yn aml gan wragedd capteiniaid llongau)

Fodd bynnag, yr amlycaf o'r holl borthladdoedd hyn oedd Porthmadog lle câi llongau eu dylunio a'u hadeiladu, y perchnogion a'r criwiau fel yr yswirwyr yn bobl leol, ac yn cludo llechi Blaenau Ffestiniog i bedwar ban byd. Yn wir, roedd y llifeiriant diddiwedd o lechi a daranai yn ddyddiol i lawr Rheilffordd Ffestiniog mor anferth fel nad oedd unrhyw long mewn

O bosibl y tŷ drym cynharaf yn chwarel Holland, Blaenau Ffestiniog, gyda'r holl offer o goed, llun tua 1970

unrhyw borthladd ym Mae Ceredigion yn segur wrth iddynt ymdrechu'n barhaus i glirio'r pentyrrau diddiwedd oddi ar y ceiau.

Yn raddol, wrth i longau hwylio o goed ddod ar gael yn rhad o Ganada, ac wedi hynny y llongau stêm cragen ddur, daeth y diwydiant adeiladu llongau i ben. Ac wrth i faint y llongau cefnfor gynyddu fwyfwy symudodd masnach i borthladdoedd fel Lerpwl. Er hynny, goroesodd y diwydiant trwsio llongau lleol a bu'r Felinheli mewn bri fel canolfan rhagoriaeth yn cynnal a chadw rhai o'r llongau stêm amlycaf hyd ail hanner yr ugeinfed ganrif.

Llechi Oakeley ar y ffordd i orsaf LMS, Blaenau Ffestiniog

Wagenni llechi yng ngorsaf Rheilffordd Ffestiniog, Diffwys, Blaenau Ffestiniog

6
Llechi ac addysg

Bron ganrif cyn i Ddeddf Addysg 1870 ei gwneud yn orfodol i awdurdodau lleol ddarparu addysg rad ac am ddim i bob plentyn, roedd Joseph Lancaster, y Crynwr o Lundain, wedi sefydlu'r Gymdeithas Ysgolion Prydeinig a Thramor (British and Foreign Schools Society).

Roedd yr ysgolion 'Prydeinig' hyn yn apelio'n syth at y werin Gymreig, oedd yn gapelwyr selog, gan nad oedd yr ysgolion hyn – yn wahanol i'r ysgolion 'Cenedlaethol' – ag unrhyw berthynas â'r Eglwys oedd yn dwyn i gof iddynt elfennau estron fel Saesneg/ Meistri/Tirfeddianwyr.

Ni allasai unrhyw un o'r mudiadau addysgol 'ceiniog y plentyn yr wythnos' hyn fod wedi ffynnu heb lechi ysgrifennu. Yn ôl cyfrifiad Lancaster byddai darparu papur, cwilsynnau ac inc i ddosbarth o drigain yn costio £99, ond gellid cael pum dwsin o lechi ysgrifennu am £1. Awgrymodd ymhellach y gellid lleihau'r gost resymol hon ymhellach trwy achub hen lechi o adeiladau yn cael eu dymchwel. Byddai darparu cant o bensiliau llechi ar gyfer pob plentyn yn golygu costau pellach o £2 y flwyddyn.

Roedd llechi ysgrifennu a phensiliau llechi meddal wedi eu defnyddio mor bell yn ôl â'r bedwaredd ganrif ar ddeg. Ond gyda'r cynnydd mewn mentrau ym myd addysg crëwyd marchnad enfawr a ffynnodd hyd ganol y ugeinfed ganrif, a hynny er gwaethaf y pryderon am hylendid oherwydd bod y disgyblion yn poeri arnynt i'w glanhau.

Yn ogystal â sefydlu'r ysgolion, bu Lancaster hefyd yn cynhyrchu ac yn allforio llechi ysgrifennu a phensiliau cerrig am gyfnod hyd nes y daeth ffatrïoedd masnachol i gyflenwi'r swyddogaeth hon. Byddai'n codi pris o 2/- (10c) y dwsin am lechi a 1/- (5c) y cant am y pensiliau, a byddai'n gallu cynnig y llechi am y pris isel hwn am eu bod yn llai o faint sef chwe modfedd wrth dair, yn hytrach na'r maint safonol o unarddeg modfedd wrth saith.

Cafodd y gyntaf o'r ffatrïoedd yn cynhyrchu llechi ysgrifennu ar raddfa eang ei setydlu ym Mhorth Penrhyn yn 1798, ond roedd chwarel y Penrhyn wedi bod yn cynhyrchu'r llechi hyn â llaw ymhell cyn hynny. Nodwyd gan Thomas Pennant yn 1778 bod ganddynt rhwng pump ar hugain a deg ar hugain o ddynion yn cynhyrchu llechi ysgrifennu gyda fframiau arnynt a'u bod wedi gwerthu 133,000 y flwyddyn cynt gan ddefnyddio 3000 troedfedd giwbig o goed.

Yn ystod y bedwaredd ganrif ar bymtheg, cynyddodd y galw yn fawr, a dilynwyd y ffatri ym Mhorth Penrhyn gan nifer o rai eraill. Caent eu sefydlu gerllaw'r porthladdoedd yn bennaf, er mwyn arbed y gost o gludo'r coed. (Ar un adeg roedd ym Mangor bump o ffatrïoedd yn cynhyrchu llechi ysgrifennu – 'ciphering slates' oedd yr enw swyddogol arnynt)

Roedd gan chwarel Votty & Bowydd eu ffatri llechi ysgrifennu eu hunain ar y safle. Roedd hyn yn anarferol gan y byddai'n fwy tebygol i chwareli, os oedd ganddynt eu ffatrïoedd eu hunain, eu lleoli yn y pentref agosaf fel y gallai'r merched (nad oedd unrhyw waith iddynt yn y chwarel) a dynion hŷn a llai abl, ymuno â'r gweithlu. Pan adeiladodd Votty & Bowydd eu hail felin (Newborough) lleolwyd hi ym Mlaenau Ffestiniog ei hun. Yn yr un modd roedd gan chwarel Bryneglwys ffatri fechan ar gyrion pentref Abergynolwyn gerllaw. Ac hefyd roedd gan chwarel Glandinorwig – cangen o chwarel Dinorwig oedd hon mewn gwirionedd er ei bod yn chwarel annibynnol – dair ffatri ym mhentref Deiniolen gerllaw. Maes o law daeth eu peiriannau i gynnwys y llif draws (gellir gweld un yn yr Amgueddfa Lechi) oedd yn llifio coed yn blanciau, tair lli gron i lunio fframiau allan o'r planciau, a pheiriannau i blaenio, morteisio, llunio tyno, rhigoli a drilio tyllau (ar gyfer hongian y lechen wrth hoelen), yn ogystal â pheiriant i uno'r ochrau â weiren ac un arall i lunio 'corneli crynion'. Llunnid y llechi eu hunain o glytiau llechfaen gan

Ffatri Llechi Ysgrifennu, Bangor

ddefnyddio pedair llif, pedwar llathrydd a pheiriant ar gyfer ysgythru'r patrwm sgwâr ar gefn y llechi ysgol safonol. Peintio'r patrwm a sgrafellid oedd yr unig ran o'r holl broses nad oedd peiriant ar ei gyfer. Mae'n rhyfedd bod y ffatrïoedd hyn wedi goroesi hyd ddiwedd y ganrif, er bod Rheilffordd Dinorwig gerllaw wedi cau yn gynnar yn yr 1840au. Dyma'r ffatrïoedd llechi cyntaf o unrhyw faint i weithredu heb unrhyw gyswllt rheilffordd.

Yn yr un modd, cafodd ffatri Inigo Jones – sydd yn dal ar agor – ei lleoli gerllaw Rheilffordd Nantlle wrth ymyl pentref y Groeslon yn 1861, gyda'r bwriad o gynhyrchu llechi ysgrifennu o'r deunydd crai yn chwareli Nantlle. Er eu bod, fel cynhyrchwyr eraill, wedi elwa'n fawr oddi wrth Ddeddf Addysg Elfennol 1870, daeth cymaint o gystadleuaeth yn y maes hwn fel iddynt droi yn raddol at enamlo oedd yn llawer mwy proffidiol.

Model yn defnyddio llechen ysgrifennu yn Amgueddfa Ysgol Fictoraidd, Llangollen

Bwrdd du o lechen yn Amgueddfa Lloyd George, Llanystumdwy

Lle tân wedi'i enamlo a manylyn,
Tudor Slate Works.
Drwy garedigrwydd Inigo Jones

Manylyn o le tân wedi'i enamlo gan Alfred Worthington.
Gyda chaniatâd Amgueddfa Ceredigion, Aberystwyth

Chwarel lechi Abereiddi, Sir Benfro

Chwarel Vivian, Llanberis

Chwarel Cors y Bryniau, Rhosgadfan

Chwarel Oakeley, Blaenau Ffestiniog

Hen siediau chwarel yn Llechwedd, Blaenau Ffestiniog

Chwarel Dinorwig, Llanberis

Pont o bennau llifio yn Chwarel Braich, Fron

Tŷ powdwr, Dinorwig

Barics Chwarel y Prince of Wales, Cwm Pennant

*Hen felin Chwarel y
Prince of Wales,
Cwm Pennant*

*Pont o grawiau llechi,
Croesor*

Ffenestr liw y chwarelwyr, Eglwys Dewi Sant, Blaenau Ffestiniog

*Slabiau llechi ar wagenni,
Amgueddfa Lechi Cymru, Llanberis*

Cilbost llechen ger Chwarel y Cilgwyn

Ffens grawiau, Amgueddfa Werin Cymru, Sain Ffagan

Hen domenni llechi a hen drên y gwaith yng nghanol tref Blaenau Ffestiniog

Haenau o lechi Cymreig o wahanol chwareli yng Nghanolfan y Mileniwm, Caerdydd

Cofeb i dreftadaeth ddiwydiannol Dyffryn Nantlle

Cofio am Undeb y Chwarelwyr ar Graig yr Undeb, Llyn Padarn.

Chwarelwyr o flaen eu Caban – y cwt cinio oedd yn llwyfan i sawl trafodaeth wleidyddol a diwylliannol.

Cofeb i Streic y Penrhyn ym Methesda – yr anghydfod diwydiannol hwyaf yn hanes y byd.

Cofeb y chwarelwyr ym Mlaenau Ffestiniog

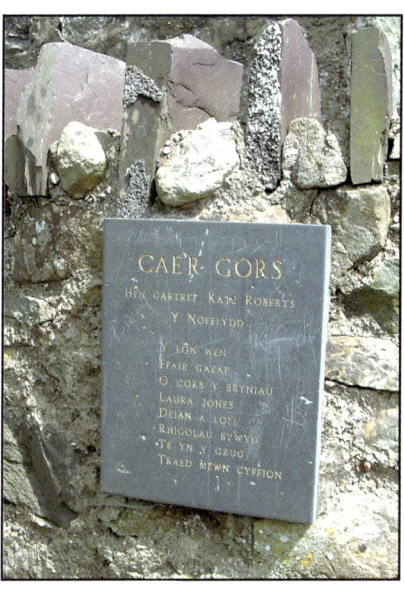

Cofeb Kate Roberts (1891-1985), merch i chwarelwr ac un o lenorion mwyaf Cymru.

Cae'r Gors, Rhosgadfan – cartref Kate Roberts, sydd bellach yn cael ei adfer yn ganolfan ddehongli ac astudio.

Beudy chwarelwr o'r Waunfawr, bellach yn Amgueddfa Werin Cymru, Sain Ffagan.

Rhiwledyn, Rhosgadfan – bwthyn chwarelwr bellach yn yr Amgueddfa Werin.

Bwthyn chwarelwr nodweddiadol ger Rhosgadfan.

Beddfeini lluosog, Sir Gaerfyrddin

Plant Ysgol Croesor yn dathlu hanes a diwylliant eu hardal ar lechi

Mr V. Bickford, Chwarel y Berwyn, gyda lli ddiamwnt 2m

Lli ddiamwnt yn Chwarel y Penrhyn

Llifio slabiau llechi yn Chwarel Llechwedd

Chwarel Llechwedd

Hollti a naddu, Chwarel Llechwedd

*Bwrdd wedi'i enamlo gan G.E. Magnus ar gyfer arddangosfa fawr 1851.
Gyda chaniatâd Mrs N. Edwards*

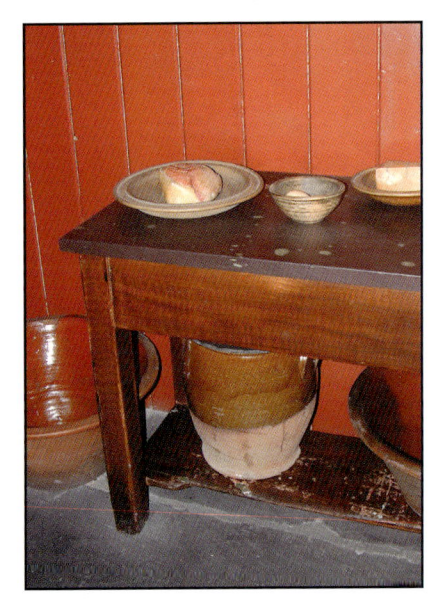

Y tu mewn i dai teras Fron Haul, Amgueddfa Lechi Cymru, Llanberis

Melin Ynysypandy,
Cwm Ystradllyn

Chwarel Glanrafon,
Cwm Gwyrfai

Inclên Chwarel Moeltryfan

Chwarel Rosebush (Penfro)

Crefftau llechi cyfoes gan William Rice, Blaenau Ffestiniog

7
Y blynyddoedd aur

O fewn ychydig ddegawdau'n unig, datblygodd y diwydiant llechi Cymreig o fod yn grefft wledig i fod yn ddiwydiant cenedlaethol yn gwasanaethu marchnad fyd-eang.

Yn fuan wedi diddymu'r Ddeddf Lechi yn 1831, wrth i'r rhwydwaith rheilffyrdd ehangu, daeth galw mawr am lechi ar gyfer toi gorsafoedd, storfeydd nwyddau a siediau peiriannau, blychau signalau a chytiau wrth ochr y lein, yn ogystal â thai ar gyfer y cannodd o filoedd o weithwyr rheilffyrdd.

Gyda dyfodiad y rheilffyrdd daeth ffyniant anhygoel ac adeiladwyd gweithdai a ffatrïoedd dirifedi; roedd trefi yn tyfu dros nôs bron ac wrth gwrs roedd y cyfan o'r tai, siopau, tafarndai ac adeiladau cyhoeddus bron yn ddieithriad angen toeau llechi. Roedd nwyddau o bob math yn cael eu hallforio i bedwar ban byd a'r llongau yn dychwelyd yn llawn o fewnforion egsotig, a hyn eto yn galw am ragor o dai a swyddfeydd yn ogystal â stordai ac wrth gwrs roedd yn rhaid cael llechi ar gyfer llawr a tho pob un ohonynt.

Yn ogystal, pan gafodd dinas Hamburg gyfan ei hail-doi gyda llechi Cymreig yn dilyn y tân mawr yn 1842, lledaenodd y galw, nid yn unig i daleithiau'r Almaen, ond i bob cwr o Ewrop. Ar yr un pryd, cafodd y llewyrch a'r ffyniant a welwyd drwy Brydain ac Ewrop ei adlewyrchu yn America ac yna yn y trefedigaethau, nes bod y galw am lechi bron yn amhosibl ei ddiwallu.

Y cyfnod hwn oedd penllanw llwyddiant trefi glan môr enwog fel Caernarfon, Bangor, Porthmadog a threfi llai fel Conwy, Pwllheli, Y Bermo, Aberdyfi, Aberystwyth and Cheredigion. Dyma'r cyfnod pan ddaeth harbyrau preifat y Felinheli a Phorth Penrhyn yn gymhligion diwydiannol. Heblaw trafod a phrosesu cynnyrch y chwareli, roedd y porthladdoedd hyn yn cynnwys ffowndrïau llewyrchus a daeth rhai ohonynt fel De Wintons yng Nghaernarfon yn fentrau peirianyddol blaengar, yn darparu cefnogaeth dechnegol i'r chwareli a'r melinau. Byddent yn adeiladu tryciau, drymiau codi, olwynion dŵr, winshis a hyd yn oed beiriannau stêm. Yn rhyfeddol, byddent hefyd yn cynhyrchu cyfarpar prosesu llechi megis byrddau llifio a naddu a hynny bron yn ddieithriad i gynlluniau a gynhyrchid gan yr arch ddyfeisiwr, J. W. Greaves o chwarel Llechwedd, Blaenau Ffestiniog.

Pont Fawr Chwarel yr Oakeley

Wrth i'r chwareli ffynnu roedd galw cynyddol am dai i'r gweithwyr ac felly hefyd y galw am dafarndai, poptái, melinau blawd, ffatrïoedd tybaco a sebon, ac wrth gwrs capeli ac eglwysi, y cyfan yn ychwanegu at y galw am lechi.

Blwyddyn bwysicaf yr Oes Aur hon, mae'n debyg, oedd 1861. Roedd cysgod Rhyfel y Crimea wedi tynnu'r sglein oddi ar yr hwb a roddodd Arddangosfa Fawr 1851 i fasnach a diwydiant ond erbyn hyn roedd y sefyllfa yn gwella. Fodd bynnag roedd y diwydiant llechi braidd yn amheus, wedi gweld aml i gyfnod cyffelyb ac wedi dysgu bod cyfnod llewyrchus bron yn ddieithriad yn arwain at ddirwasgiad. Ond y tro hwn, nid llewyrch a chwymp a gafwyd ond llewyrch a llewyrch. Roedd y cyfnod hwn yn benllanw cyfnod anhygoel, nid oedd prisiau a lefel cynhyrchu erioed o'r blaen wedi dringo flwyddyn ar ôl blwyddyn heb unrhyw rwystr.

Mae bywyd yn y cyfnod hwn wedi ei ddarlunio yn Rhif 3 Fron Haul, y tai o Danygrisiau, ar gyrion Blaenau Ffestiniog, a ail godwyd yn Amgueddfa Lechi Cymru. Er eu bod yn gyntefig iawn yn ôl ein safonau ni, byddai'r preswylwyr yn eu gweld eu hunain yn ffodus iawn gan eu bod, er heb ddraeniau na dŵr tap, yn byw mewn tai llawer gwell na'r miloedd a drigai mewn hofelau yn yr ardaloedd lle'r oedd y cynnydd diwydiannol bron â bod yn ffrwydrol. Byddai ganddynt yn rhywle gornel o dir i blannu tatws a chadw mochyn efallai. Gallai rhai wneud mymryn o le er mwyn cadw 'lojer' ac os oedd y penteulu yn brif greigiwr gallent efallai ffordd morwyn yn byw i mewn, o bosibl perthynas ifanc oedd angen profiad cyn chwilio am swydd 'mewn gwasanaeth' yn Lerpwl. Erbyn y cyfnod hwn, roedd y merched wedi dechrau mwynhau dillad, esgidiau a nwyddau 'redi mêd' am brisiau llawer is na phrisiau lleol. Roedd llongau stêm yn dechrau dod â bwydydd o'r trefedigaethau am brisiau rhesymol a fforddiadwy. Un nodwedd o ffyniant yng ngolwg y bobl gyffredin oedd bod yn berchen cloc mawr – a fyddai'n werth rhai miloedd o bunnau heddiw.

Ond yn y chwareli, roedd hadau'r anghydfod a arweiniodd at y Streic Fawr eisoes wedi eu hau.

Waeth sawl wyneb newydd a gychwynnid, sawl bargen newydd a osodid, na sawl chwarel newydd a agorid, roedd y galw ymhell y tu hwnt i'r hyn y gellid ymateb iddo – a cheid hanesion am ddynion yn cloddio llechi yn eu gerddi cefn hyd yn oed! Roedd y rhwydweithiau rheilffyrdd newydd yn hanfodol gan nad oedd y llongau na'r porthladdoedd yn ddigon mawr i gwrdd â rhuthr gwallgof y fath gynhyrchu.

Cynyddodd y prisiau, ond parhau i ruthro ar draws ei gilydd a wnâi'r prynwyr. Gwerthid llechi o'r ansawdd gwaelaf – stoc wedi bod ar ddwylo perchnogion y chwareli am ddegawdau – am brisiau goruchel ac roedd rhestrau aros am y llechi gorau wedi eu hymestyn i ddwy flynedd. Roedd rhagamcanion prisiau i'r dyfodol yn anghredadwy, gan ddenu cwmnïau newydd ac arian newydd i mewn i'r diwydiant ac roedd y lleiniau tiroedd mwyaf diffaith yn newid dwylo am grocbris.

Yn ystod y cyfnod hwn, tra'r oedd cwsmeriaid yn teimlo bod perchnogion y chwareli yn gwneud gormod o elw ar eu traul hwy, roedd teimladau digon tebyg yn troelli ym meddyliau'r chwarelwyr eu hunain.

Roedd 'cysylltiadau diwydiannol' yn gymhleth gan fod system y Fargen yn golygu bod y chwarelwyr fwy neu lai yn gontractwyr annibynnol, ac yn casáu unrhyw awgrym eu bod yn gaethweision cyflog. Roedd y sefyllfa mewn chwarel fach dan ofal perchennog/rheolwr yn wahanol i'r hyn a geid mewn chwarel a reolid gan fwrdd rheoli neu dirfeddiannwr mawr ymhell i ffwrdd.

Fodd bynnag, cafodd Undeb Chwarelwyr Gogledd Cymru ei sefydlu yn 1874, ond yn wahanol i'r undebau llafur arferol, nid oedd 'nhw a ni' yn golygu meistr a gweithiwr ond yn hytrach y gweithredwyr mawr yn erbyn y

Trin plyg a gafwyd o'r graig, drwy ei leihau

Ysbyty chwarel Dinorwig, lle'r arloeswyd y defnydd o belydr-X

Mainc orffwys o lechen yn ysbyty chwarel Dinorwig

perchnogion bach a'r gweithwyr. Yn wir, roedd swyddogion yr undeb bron i gyd yn berchnogion neu reolwyr chwareli bychain. Er hynny roedd y grym diwydiannol yno i'w ddefnyddio bellach a'r peth olaf a ddymunai meistr y chwarel oedd gweld unrhyw rwystr i'r cynhyrchu dibendraw oedd yn mynd rhagddo.

Roedd yn amhosibl i'r oes aur hon barhau gan fod pob codiad pris yn gwneud teils a llechi tramor yn fwy cystadleuol ac roedd gwneuthurwyr a mewnforwyr yn barod iawn i dynnu sylw at hyn. Ac ar ben hyn, roedd llenfetel ar gael erbyn hyn ar gyfer toi siediau a stordai a hynny yn llawer rhatach na llechi na theils.

O fewn tair blynedd i sefydlu'r Undeb, aeth popeth o chwith wrth i archebion gael eu diddymu fesul miloedd – syrthiodd y galw am lechi i'r fath raddau fel na allodd cwtogi didrugaredd ar brisiau ei atal, a bron na ellid dweud bod perchnogion chwareli yn croesawu streic er mwyn arbed ar gyflogau a cheisio clirio stoc oedd ar eu dwylo.

Roedd yr 1880au yn gyfnod caled; unwyd chwareli, caeodd eraill, collodd dynion eu gwaith, aeth rhai i byllau glo de Cymru, aeth eraill â'u sgiliau gyda hwy i America a mannau eraill, lle cawsant eu defnyddio i ddatblygu diwydiannau brodorol.

Yn nechrau'r 1890au daeth adferiad oedd yn arbennig o amlwg ym Mlaenau Ffestiniog, lle'r oedd erbyn hynny dair brif lein rheilffordd yn ymladd am eu heinioes (y Great Wastern Railway, London & North Western Railway a'r Cambrian, via Rheilffordd Ffestiniog). Er nad oedd pob ardal chwarelyddol lawn mor ffodus ag ardal Blaenau Ffestiniog, daeth llewyrch ar chwareli Moel Tryfan ac ym mhobman cynyddodd nifer y gweithwyr bron i'r lefel uchaf erioed. Erbyn diwedd y ganrif roedd yr allbwn (sef hanner miliwn o dunelli) bum gwaith cyfanswm 1831 ac er gwaethaf y ffaith bod rheilffyrdd yn cario mwy a mwy o'r cynnyrch roedd digon o fusnes yn weddill i gadw'r porthladdoedd lleol yn ferw gwyllt.

Ond o dan yr wyneb roedd anghydfod. Yng nghanol y 1880au aeth chwarelwyr Dinorwig a Phenrhyn ar streic ac yn y 1890au digwyddodd yr un peth yn chwarel Llechwedd, Blaenau Ffestiniog, ond ni theimlwyd fawr ddim o'u heffaith y tu allan i'w hardaloedd penodol eu hunain. Yna ym mis Tachwedd 1900 daeth y Streic Fawr yn chwarel y Penrhyn – Götterdämmerung y diwydiant llechi Cymreig. Nid dyma'r anghydfod cyntaf ac yn sicr nid hwn fyddai'r olaf, ond ni welwyd dim erioed mor drychinebus â phan fu chwarel y Penrhyn yn segur i bob pwrpas am dair blynedd.

Er mai ychydig filoedd o ddynion mewn ardal anghysbell o Brydain ac mewn diwydiant plwyfol iawn oedd yn rhan o'r anghydfod, daeth y streic hon i amlygrwydd cenedlaethol ac ni lwyddodd yr un streic arall, hyd yn oed Streic Gyffredinol 1926, i rwygo cymdeithas i'r fath raddau nac i adael y fath greithiau parhaol.

Byddai'r chwarelwyr a'u teuluoedd y darlunnir eu bywyd yn Rhif 2, Fron Haul yn gweld deugain mlynedd o fywyd llewyrchus yn diflannu fel niwl wrth iddynt wynebu tair blynedd o galedi difrifol.

Rhif 2 Fron Haul, yn Amgueddfa Lechi Cymru, Llanberis

Poster cydymffurfiad â'r undeb yn ffenestr y streiciwr yn Rhif 3

Turnio llechen yng ngwaith Inigo Jones

Cyfnewidfa Minffordd Rheilffordd Ffestiniog/Rheiffyrdd y Cambrian

Llun o beiriant tyllu newydd mewn agor dan y ddaear yn Chwarel yr Oakeley, ar gyfer tyllu toriadau yn y gwely llechfaen pan nad oedd toriadau naturiol i'w cael. Fe'i gelwid yn 'Injan Fawr'. Roedd perchnogion a rheolwyr y chwareli yno i'w weld yn gweithio pan dynnwyd y llun. Stiward, gyda ffon a lamp garbeid, sydd ar y dde.

Y 'car gwyllt' ar un o inclenau Chwarel y Graig Ddu, Blaenau Ffestiniog

8
Blynyddoedd y locustiaid

Roedd dechrau'r ugeinfed ganrif yn gyfnod o newid mawr. Gwelwyd ddiwedd ar ryfeloedd Prydain yn y trefedigaethau, diwedd dynoliaeth fel pobl y pridd, diwedd cyfnod pan oedd Ewrop yn rheoli'r byd, ond uwchlaw popeth gwelwyd diwedd oes Fictoria. Trist yw gorfod ychwanegu hefyd mai dyma ddiwedd cyfnod Llechi Cymru fel diwydiant byd-eang.

Caiff Streic y Penrhyn rhwng 1900 a 1903 yn aml ei beio am ddirywiad y diwydiant llechi yng Nghymru. Mae'n wir i'r streic achosi prinder na allai chwareli eraill wneud iawn amdano, gan orfodi prynwyr i chwilio am gyflenwyr newydd neu ddeunyddiau gwahanol, ac annog gwledydd eraill i ddatblygu eu diwydiannau llechi eu hunain. Ond y gwir amdani oedd bod cyfanswm gwerthiant chwareli Cymru yn 1899 yn is na ffigwr 1898 a hyd yn oed pe na bai anghydfod y Penrhyn wedi dirywio y tu hwnt i bob rheolaeth ym mis Tachwedd 1900, byddai ffigurau cenedlaethol wedi parhau i ostwng er gwaethaf popeth. Y cyfan wnaeth y digwyddiadau yn y Penrhyn oedd rhoi ergyd arall i ddiwydiant oedd eisoes ar fin y dibyn.

Roedd buddsoddwyr wedi eu dychryn gan gwymp y farchnad yn yr 1870au, ac roedd prydlesi tymor byr yn llesteirio cynlluniau tymor hir. Er mai hon oedd yr oes fwyaf blaengar yn hanes dynoliaeth, nid oedd dulliau gweithio yn y chwareli wedi newid nemor ddim mewn hanner can mlynedd a mwy. Heblaw hyn, roedd llawer o chwareli yn mygu i farwolaeth dan eu tomennydd rwbel eu hunain fel ei bod yn fwy proffidiol i'r perchennog osod ei chwarel i'w gymydog fel tomen rwbel na'i gweithio ei hun.

Roedd hyd yn oed chwarel Glanrafon, y fwyaf modern a'r unig chwarel o bwys i'w hagor o'r newydd yn neng mlynedd ar hugain olaf y bedwaredd ganrif ar bymtheg, mewn cyflwr mor enbyd fel na allai dim llai na buddsoddiad newydd enfawr ei hachub.

Gyda rhai chwareli yn cau ac eraill, ers diwedd yr hen ganrif, yn uno, mabwysiadodd y diwydiant agwedd mwy cynnil a gofalus, ac ymhen rhyw ddegawd wedi diwedd anghydfod y Penrhyn, roedd yn dechrau edrych i'r dyfodol gyda pheth hyder.

Yna yn 1914 daeth y rhyfel mawr. Heb ddim rhybudd, daeth pob gwaith adeiladu i ben, gan ddileu'r farchnad gartref i bob pwrpas. Dramor, diflannodd y farchnad Almaenaidd wrth gwrs ac ar y Cyfandir dinistrio yn hytrach nac adeiladu oedd y drefn. Sut bynnag am hynny, gan fod mwyafrif y llongau yn cael eu hawlio i wasanaethu yn y rhyfel ac eraill yn cael eu suddo (yn cynnwys llongau o eiddo'r chwareli) roedd yn amhosibl cyflenwi hynny o archebion tramor oedd mewn llaw.

Gan nad oedd y chwareli yn cael eu cyfrif yn ddiwydiant 'hanfodol', nid oedd modd iddynt gael cyflenwadau. Yn wir, cymerwyd rhan o'u hoffer hwy eu hunain oddi arnynt (cipiwyd y peiriant oedd yn gweithio'r inclên mawr yn Llechwedd ar gyfer gyrru'r gwaith arfau rhyfel yng ngweithdy Rheilffordd Ffestiniog yn Boston Lodge). Roedd y chwareli yn cau neu'n cadw i fynd ar nemor ddim gweithwyr a mwyafrif y chwarelwyr unai yn ymuno â'r lluoedd arfog neu'n mynd i weithio yn y ffatrïoedd.

Erbyn 1919 roedd cymaint o alw yma ym Mhrydain am adnewyddu a thrwsio, ac yn Ffrainc a'r Is-Almaen am ail adeiladu, nes trechu'r diwydiant llechi yn llwyr - diwydiant â'i beiriannau wedi darfod eu hoes a dim modd eu hadnewyddu a chwarter y gweithwyr wedi eu lladd neu eu hanafu.

Cododd prisiau llechi dro ar ôl tro, roedd y stoc lechi mor werthfawr bron nad oedd angen lluoedd arfog i'w gwarchod – yna yn 1922 daeth terfyn ar y cyfnod euraid wrth i'r cynhyrchwyr hynny a oroesodd y rhyfel syrthio i ddirwasgiad dwfn.

Ar y cyfan daeth y chwareli mwyaf drwy'r cyfnod anodd hwn yn weddol ddianaf trwy uno chwareli; baglodd rhai unedau bach ymlaen o'r llaw i'r genau, ddydd wrth ddydd, hyd nes gwawriodd cyfnod ychydig mwy sefydlog yn niwedd y 1930au.

Yna daeth yr Ail Ryfel Byd – unwaith eto caewyd y diwydiant i lawr bron yn gyfangwbl. Unwaith eto, aeth y dynion i'r lluoedd arfog neu i'r ffatrïoedd arfau rhyfel – rhai o'r rhain wedi eu lleoli yn y chwareli lleol. Cymerwyd chwareli eraill drosodd i storio ffrwydron, ac ambell dro, drysorau celf. Roedd ambell chwarel yn llwyddo i aros yn agored trwy gyflogi bechgyn ifanc a dynion hŷn ac roedd galw cyson am eu llechi i atgyweirio difrod y bomiau.

Ar ddiwedd y rhyfel yn 1945, roedd y diwydiant llechi mewn gwaeth cyflwr nag y bu ynddo yn 1918 ac yn llai abl i gwrdd â'r galw am lechi ar gyfer atgyweirio, heb sôn am adeiladu o'r newydd. Gosodwyd rheolau i sicrhau na fyddai prisiau yn codi'n afresymol ac i sicrhau hefyd bod y llechi oedd ar gael yn cael eu cadw ar gyfer atgyweirio. Roedd y rheolau hyn o gymorth i sicrhau y câi trefi a ddinistriwyd eu hatgyweirio yn ddioed, ond yn golygu hefyd bod y diwydiant adeiladu yn dod yn gyfarwydd â defnyddio teils; roedd hefyd yn rhwystro perchnogion chwareli rhag

Tyrrau Blondin yn chwarel Penyrorsedd

Codi wagen ar Blondin, chwarel Penyrorsedd, tua 1976

prisio'u cynnyrch yn ddigon uchel i allu talu cyflogau teilwng.

Yn anffodus nid oedd llechi yn weddill i gwrdd â'r galw enfawr o'r Cyfandir ar gyfer atgyweirio difrod y bomiau. Daeth chwareli Sbaen ymlaen yn eiddgar i gwrdd â'r galw hwn, gan eu rhoi ar ben y ffordd i fod yn bencampwyr marchnad lechi'r byd.

Roedd dirywiad y diwydiant yng Nghymru o tua 1950 ymlaen yn ganlyniad nid yn unig i ddiffyg archebion ond i brinder gweithwyr. Yn ffodus nid oedd yr Ail Ryfel Byd wedi lladd cymaint o niferoedd â'r rhyfel cyntaf ond nid oedd dynion mwyach yn fodlon llafurio am oriau maith dan amodau peryglus yn y glaw a'r eira ar ben mynydd, neu mewn siediau llychlyd, drafftiog, heb nemor ddim gwres, neu o dan y ddaear mewn agorydd llychlyd, am lai o arian nag a dderbyniai eu merched am eistedd mewn ffatri gynnes braf gyda radio yn chwarae 'Music While You Work', cantîn a thoiledau gweddus.

Roedd gweithio mewn chwarel er hynny yn dal i roi'r 'boddhâd' hwnnw nas ceid wrth weithio yn eu hunfan mewn ffatri neu glercio mewn swyddfa. Ond fel y dengys Rhif 1, Fron Haul, roedd pethau fu gynt yn amheuthun fel teledu, dŵr tap a cheginau modern erbyn hyn yn hanfodion, ond roedd boddhâd mewn swydd yn un moethusrwydd na ellid ei fforddio.

Pe bai'r wobr yn fwy hael, efallai y byddai wedi bod yn bosibl perswadio'r dynion i aros yn y diwydiant, ond hyd yn oed pan ddaeth terfyn ar y cyfyngiadau, nid oedd digon o elw i dalu gwell cyflogau nac i brynu peiriannau i ysgafnhau'r gwaith, a daeth yr Undeb falch gynt yn gangen fach egwan o Undeb y Gweithwyr Trafnidiaeth a Chyffredinol.

Wedi bron 70 mlynedd o uno, rhesymoli a dirywio, gwelodd y 1960au batrwm mwy sefydlog o ran cau chwareli – mae'n bosibl eu bod erbyn hyn yn rhedeg allan o chwareli i'w cau. Roedd chwarel y Cilgwyn, a allai olrhain ei thras yn ôl i'r drydedd ganrif ar ddeg, wedi cau yn 1956 a chollodd y tyllau enfawr unrhyw urddas a fu iddynt pan ddaeth yn domen sbwriel Cyngor Sir Gwynedd. Yn ystod y 1960au, caewyd chwareli Penmachno, Dorothea a Rhos. Cau hefyd fu hanes chwarel fawr yr Oakeley ym Mlaenau Ffestiniog, er gwaethaf y ffaith iddi yn gynharach lyncu nifer o'i chymdogion. A chau fu hanes chwarel Alexandra ar Foel Tryfan, y chwarel a oroesodd dân, storm a thymestl i gario ymlaen cyhŷd.

Ond ar ddiwedd y degawd hwnnw y daeth yr ergyd farwol wrth i Ddinorwig, y chwarel a arferai gyflogi'r nifer mwyaf o ddynion yn unman a'r ail chwarel lechi fwyaf yn y byd, roi'r gorau i gynhyrchu.

Dyddiau olaf y rheilffordd yn chwarel y Penrhyn 1963

Adfail y cwt ffan, chwarel Croesor, 1976

Grisiau yn chwarel Abercwmeiddaw, tua 1980

9
Aristocratiaeth gweithwyr

Byddai'n well gan seiri coed a seiri llongau ddefnyddio coed oedd wedi ei gynhyrchu ar lethrau moel yn wynebu'r gogledd, gan ei fod o ansawdd gwell na'r hyn a geid ar diroedd brasach ac mewn hinsawdd dynerach. Yn yr un modd, ym Methesda neu Flaenau Ffestiniog, yng Nghorris neu Gwm Penmachno neu ble bynnag y cafodd llechi eu tynnu o'r graig ystyfnig, mae cenedlaethau o bobl wedi eu cyflyru gan lymder adfyd nes ffurfio llinach mor anrhydeddus a balch ag unrhyw un o'r aristocratiaid yr enwyd y llechi ar eu holau.

Arferai gwaith yn y chwarel fod yr alwedigaeth fwyaf peryglus o'r holl ddiwydiannau, peryclach hyd yn oed na'r pyllau glo lle'r oedd y baw, y llwch a'r afiechydon yn byrhau oes y glöwr i fod bron cyn fyrred ag oes llongwr. Ac fel arfer lleolid chwareli yn y mannau mwyaf anghysbell, moel ac anghymdeithasol bosibl.

Er mor galed oedd y gwaith, roedd cyrraedd y gwaith yn aml yn galetach fyth. Byddai'r dynion yn cerdded milltiroedd lawer i'r gwaith ac adref yn ddyddiol, ac yn y chwarel ei hun yn wynebu dringo neu ddisgyn cannoedd o droedfeddi i'w safle gwaith lle byddent yn treulio hyd at ddeuddeng awr o waith diarbed unai yn y tywydd gwaethaf ar y bonc

Gweithlu chwarel Treflan, 1926

neu dan ddaear, neu yn unig mewn siambr laith yng ngolau egwan y gannwyll. Byddai eraill oedd yn byw ymhellach i ffwrdd o bosibl yn treulio'r wythnos ar y safle gan rannu barics gyda llau a chreaduriaid gwaeth. Byddai rhai o'r dynion hyn yn cychwyn o adref tua dau neu dri o'r gloch y bore ar ddydd Llun ac yn cerdded hyd at ddeuddeng milltir dros y mynydd-dir agored, yn aml mewn glaw, cenllysg ac eira, gan gario bwyd i'w cynnal am yr wythnos. Yn aml iawn byddent wedyn yn treulio'u diwrnod gwaith ar wyneb y graig, yn wlyb at eu crwyn, gan fyw mewn gobaith y byddai rhywfaint o goed a mawn yn y barics ar gyfer cynnau tân gyda'r nôs. O bosibl ni fyddai cyfle iddynt dynnu'r dillad gwlyb ac ymolchi'n

Mynd â 'slediad' o droed yr inclên i'r felin yn chwarel Bwlch y Slaters, 1960au

Gweithwyr yng Ngwaith Inigo Jones

drwyadl hyd nes byddent yn cyrraedd adref ar y pnawn Sadwrn dilynol. Eto, er gwaethaf amodau gwaith - oedd yn arswydus hyd yn oed yn ôl safonau'r bedwaredd ganrif ar bymtheg - cafodd barddoniaeth a cherddoriaeth gorawl eu cyfansoddi yn ystod y nosweithiau hynny yn y barics.

Ffyddlondeb oedd arwyddair y chwarelwyr - ffyddlondeb i griw y fargen, i'r caban (cwt bwyta) neu i'r chwarel ei hun. Ac yn sicr ffyddlondeb i'w teuluoedd, i'w ffrindiau ac i'w cymuned, ac uwchlaw popeth i'w capel.

Roedd y capel yn tra arglwyddiaethu ar y gymuned oedd yn aml yn dwyn ei enw. Roedd hyd yn oed y rhai na fyddent yn mynychu gwasanaethau ar y Sul yn deyrngar i'w henwadau - Bedyddwyr, Wesleaid, Presbyteriaid neu Annibynwyr. Rhan fechan iawn a chwaraeai'r Eglwys Sefydledig ym mywydau'r bobl gyffredin, yn rhannol am ei bod yn cyfleu darlun o grefydd 'Seisnig', er bod rhai o'r gwasanaethau yn y Gymraeg. Heblaw hyn, er bod rhai o berchnogion y chwareli yn anghydffurfwyr eu hunain, edrychid ar yr Eglwys fel sefydliad y meistri. Yn wir roedd y perchnogion wedi talu am godi rhai eglwysi - eglwys Landegái er enghraifft – ac roedd y gynulleidfa yn cynnwys gan mwyaf y staff arolygol a'r rhai uchelgeisiol oedd yn gobeithio eu dyrchafu eu hunain i swyddi o'r fath.

Tri chwarelwr yn gweithio mewn wal. Ar y llaw dde, y triniwr; yn y canol, yr holltwr, ac ar y llaw chwith y naddwr, yn defnyddio'r drafael a'r gyllell bach.

Symud 'sledeidiau' o dan y ddaear yn Chwarel yr Oakeley

Nid ar gyfer gwasanaethau'r Sul yn unig yr oedd y capel; fel arfer cynhelid cyfarfod bob gyda'r nôs – grwpiau astudio, dadleuon, ymarfer band neu ymarfer côr, clybiau ieuenctid ac yn y blaen. Roedd bod yn flaenor neu ddiacon yn y capel yn llawer pwysicach nag unrhyw swydd seciwlar, na hyd yn oed bod yn gadeirydd y Caban, sef yr un a arolygai'r drefn gaeth oedd mewn grym adeg prydau bwyd yn y chwarel. Clywsom am gystadlaethau llenyddol neu gerddorol rhwng y Cabanau, ac yn y chwareli mawr byddai'r Bonciau yn cystadlu yn erbyn ei gilydd a hynny'n arwain at Eisteddfod Chwarelwyr a gynhelid yn aml mewn melin. Roedd ennill gwobr hyd yn oed mewn eisteddfod fach yn gosod dyn yn uchel yn nhrefn blaenoriaeth.

Mae'n rhyfeddol bod gan y dynion hyn, wedi diwrnod hir a chaled, y nerth i droi allan i gyfarfodydd y capel ac i weithgareddau diwylliannol eraill. Ar ben hyn oll, roedd rhai yn llwyddo i weithio 'wrth olau lleuad'; cafodd chwarel Conglog er enghraifft ei gweithio am gyfnod gan chwarelwyr oedd eisoes wedi cyflawni diwrnod llawn o waith yn chwarel Rhosydd.

Yn ychwanegol at hyn i gyd, roedd gan bron bob teulu lain o dir i ofalu amdano, ac o bosibl ieir neu anifeiliaid i'w bwydo, ac er i'r holl deulu wneud eu rhan, roedd y dyletswyddau hyn yn dod ar ben diwrnod llawn o waith. Yn wir, roedd amaethyddiaeth yn agos iawn at galon y chwarelwyr, sydd yn naturiol gan fod y mwyafrif ohonynt yn hanu o deuluoedd amaethyddol. Mewn rhai achosion, byddai dynion oedd yn byw ymhell yn lletya gyda ffermwyr gan ddychwelyd adref unwaith y mis ar ddydd Sadwrn y "tâl mawr."

Dynion yn unig a gyflogid yn y chwarel; nid oedd gwaith addas ar gyfer merched yn y chwareli eu hunain er eu bod yn cael gwaith ambell dro yn y ffatrïoedd gerllaw. Wrth gwrs, roedd perchnogion rhai o'r chwareli yn ferched amlwg a blaengar, ond nid oes sôn am ferched yn gweithio hyd yn oed fel clercod chwarel cyn cyfnod y Rhyfel Byd Cyntaf. Ni fyddai cymunedau ardaloedd y chwareli fyth wedi goroesi heb y merched. Hwy oedd yn bwydo ac yn dilladu'r dynion ar gyflog bach a allai ddiflannu'n llwyr yn sgil diswyddo neu anghydfod, yn magu teuluoedd yn nhai gorlawn ardaloedd fel Blaenau Ffestiniog yn niwedd y bedwaredd ganrif ar bymtheg, neu mewn pentrefi bychain, amlwg ac anghysbell fel Rhiw-bach neu Dreforus. Hyd yn oed wrth iddynt fyw mewn pentrefi 'go iawn' fel Rhosgadfan, nid oedd eu bythynnod – wedi eu codi â'u dwylo eu hunain yn aml – yn gysgod digonol yn erbyn stormydd gerwin y gaeaf.

Er bod adnoddau meddygol y chwareli mawr ymhlith y gorau, y gwragedd oedd yn gofalu am y rhai gwael ac yn cadw dynion wrth ben eu traed mewn cyfnod pan oedd colli gwaith yn golygu bod mewn angen a gweddwdod yn golygu llwgu.

Yn bennaf oll, y merched oedd yn gwneud hofelau yn gartrefi ac yn byw ar weddillion er mwyn sicrhau bod y penteulu a'r plant yn cael bwyd maethlon.

Mewn Caban, dan y ddaear yn Chwarel yr Oakeley

10
Trenau bach (pwysig a di-nôd) Cymru

Arferid cludo llechi i'r porthladd ar gefn ceffylau, merlod a mulod yn nyddiau cynnar y chwareli, ac wedi hynny defnyddid troliau a cheffylau - roedd hyn yn rhatach ond er hynny gallai'r gost fod yn uwch na chostau cynhyrchu, a byddai llawer o lechi'n cael eu torri oherwydd mor arw oedd y ffyrdd. Yn y gaeaf byddai'r glaw yn ei gwneud yn amhosibl defnyddio'r ffyrdd ac yn yr haf byddai'r certmyn yn gwneud gwell bywoliaeth yn cario'r cynhaeaf i'r ysguboriau. Felly byddai gan unrhyw chwarel a allai gludo'i llechi yn rhad, yn gyflym, yn esmwyth ac yn ddibynadwy fantais sylweddol dros ei chyd-gystadleuwyr.

Yn 1801 cyrhaeddodd chwarel y Penrhyn yr holl feini prawf hyn trwy adeiladu Rheilffordd Penrhyn gan ddefnyddio peiriannau'r fordd fain oedd bryd hynny yn dod yn fwyfwy cyffredin ar gyfer symud llechi o fewn y chwarel. Roedd ychydig ddwsinau o geffylau yn tynnu trenau yn gwneud yr un gwaith â channoedd yn tynnu troliau a byddai trenau tryciau Penrhyn yn teithio'n rheolaidd ac i'r funud i'w porthladd ym Mhorth Penrhyn – am y nesaf peth i ddim costau ond gan achosi cryn anfantais i'r rhai oedd yn dal i gertio'u llechi i lawr i'r porthladd. Ac roedd yn ergyd farwol i'r sawl oedd yn dal i ddibynnu ar enethod ifanc yn arwain ceffylau llwythog i lawr i'r traethau neu lanfeydd dros dro.

Aeth y 'Chwarel Fawr' arall, sef Dinorwig, ymlaen i uwchraddio ei ffyrdd ar raddfa eang a drud, gan wneud i ffwrdd â'r angen am gychod rhwyfo ar Lyn Padarn ond dim llawer mwy. Cymerodd hyd 1824 iddynt benderfynu adeiladu eu Rheilffordd Dinorwig – yn flêr ac ar dipyn o frys – mewn ymdrech i ddal i fyny â'r holl foderneiddio yn chwarel y Penrhyn.

Rhoes hyn fraw i berchnogion chwareli dyffryn Nantlle gerllaw. Yn wahanol i Penrhyn a Dinorwig, câi chwareli Nantlle eu gweithio gan nifer fawr o berchnogion dan amryw o landlordiaid ac nid oedd ganddynt na phorthladd preifat na rheolaeth dros y tir rhyngddynt hwy â'r môr. Er gwaethaf yr anfantais hon, erbyn 1828, a gyda chymorth buddsoddwyr o'r tu allan, roeddynt wedi llwyddo i adeiladu Rheilffordd Nantlle a'i rhoi ar waith yn ddolen gyswllt rhwng dyffryn Nantlle a'r harbwr yng Nghaernarfon.

Llawer mwy arwyddocaol oedd Rheilffordd Ffestiniog, a agorwyd wyth mlynedd yn ddiweddarach. Fel llinell Nantlle, rheilffordd

Gorsaf Diffwys, Rheilffordd Ffestiniog, 1886

gyhoeddus annibynnol oedd Rheilffordd Ffestiniog ond yn wahanol i lein tair troedfedd a hanner y Nantlle roedd Rheilffordd Ffestiniog o'r maint arferol i reilffyrdd chwarel sef dwy droedfedd, fel rhai'r Penrhyn a Dinorwig. Un gwahaniaeth arall oedd bod Rheilffordd Ffestiniog yn rhedeg gwasanaeth trên i amserlen lle'r oedd rheilffordd Nantlle yn gweithredu fel ffordd dyrpeg ac yn codi tâl ar ddefnyddwyr am fynd â wagenni neu gerbydau preifat ar hyd-ddi

Roedd rheilffordd Nantlle yn disgyn tua thri chan troedfedd mewn naw milltir, llai na hanner yr hyn a ddisgynnai rheilffyrdd Penrhyn a Dinorwig mewn llai o filltiroedd, felly byddai'n arbed yr oedi a'r drafferth o fynd drwy'r tair inclên oedd yn gryn rwystr ar y llinellau hynny. Er bod Rheilffordd Ffestiniog yn gorfod ymdopi â disgyn rhagor na chwe chan troedfedd, roedd hyd y llinell yn bedair milltir ar ddeg, a thrwy osod llwybr troellog a thorri twnelau addas cafwyd graddiant oedd yn galluogi'r trenau llawn i redeg yn ddi-rwystr ac i geffylau dynnu'r rhai gweigion yn eu holau yn hawdd.

Ychydig flynyddoedd yn ddiweddarach efelychwyd Rheilffordd Ffestiniog pan adeiladwyd Tramffordd Corris, Machynlleth ac Afon Dyfi gyda'r graddiant parhaus, a Thramffordd Croesor, ar raddfa lai ac yn cynnwys tair inclên, fel dolen gyswllt rhwng Cwm Croesor a Phorthmadog.

Roedd hefyd chweched rheilffordd sef Tramffordd Gorseddau, rheilffordd breifat i Borthmadog wedi ei hadeiladu i safon bron cystal â rheilffordd prif linell. Yn eironig, adeiladwyd hi yn lein tair troedfedd gan na fyddai traciau chwarel cyffredin yn gallu ymdopi â'r pwysau llechi enfawr y disgwylid i chwarel Gorseddau ei gynhyrchu. Fel y digwyddodd, bron na fyddai llencyn cryf gyda berfa wedi gallu ymdopi.

Yna yn 1863 daeth dyfais oedd bron mor bwysig ac arwyddocaol â rheilffordd wreiddiol y Penrhyn drigain mlynedd ynghynt – cafodd Rheilffordd Ffestiniog ei thrawsnewid yn rheilffordd stêm.

Nid hon oedd y rheilffordd chwarel gyntaf i weithio ar stêm – rheilffordd Padarn oedd honno, sef y lein a ddisodlodd Reilffordd Dinorwig ugain mlynedd ynghynt. Ar un ystyr, technoleg dros dro oedd y Padarn – roedd yn rheilffordd pedair troedfedd, sef y maint culaf oedd ar gael ar gyfer trenau stêm bryd hynny ac wrth nad oedd nemor ddim

Injan 'Holy War' yn Ninorwig, 1956

Injan 'Marchlyn' yn Ninorwig, 1956

graddiant i ymdopi ag ef, nid oedd diffyg pŵer yn broblem. I gwrdd â'r disgyniad roedd un inclên fawr yn y Felinheli, ac i lawr hon y gollyngid y wagenni chwarel culion oedd yn cyrraedd yno ar dryciau pedair troedfedd. Llinell breifat ar gyfer nwyddau yn unig oedd y Padarn, yn trosglwyddo cynnyrch chwarel Dinorwig.

Roedd Rheilffordd Ffestiniog ychydig yn wahanol. Maint rheilffordd chwarel ydoedd, ond er ei bod yn llai o faint gallai'r injan ymdopi â'r graddiant sylweddol; roedd yn rheilffordd gyflawn ac yn wasanaeth cludiant cyhoeddus. Fel rheilffordd nwyddau roedd yn llawer mwy na thrên lechi – byddai'n cario bwyd a hanfodion eraill i dref fynyddig ac anghysbell Blaenau Ffestiniog, fel y gallai'r dref honno gynnal poblogaeth oedd yn cynyddu'n gyflym wrth i'r chwareli ehangu. Heblaw hyn, fel rheilffordd cludo teithwyr roedd yn galluogi'r gweithwyr i gyrraedd y chwareli o gylch eang iawn.

Pan agorodd Tramffordd Corris yn 1859, nid oedd yn bosibl ei rhedeg ar stêm – pan agorwyd Rheilffordd Talyllyn yn 1866 ni allai fod yn ddim ond stêm. Sefydlodd Rheilffordd Talyllyn batrwm newydd hefyd – roedd yn rhedeg, nid i borthladd, ond i reilffordd prif linell, a dyna, gydag nifer fach iawn o eithriadau, fu hanes pob rheilffordd lechi wedi hynny.

Un o'r eithriadau oedd y rheilffordd gyda'r enw rhwysgfawr Gorseddau Junction & Portmadoc Railways, a ddisodlodd hen reilffordd y Gorseddau yn 1875 ac ymestyn y tu hwnt iddi ac ymlaen i ddociau Porthmadog gan anwybyddu Rheilffyrdd y Cambrian oedd wedi cyrraedd Porthmadog ddeng mlynedd ynghynt. Roedd gan lein newydd y Gorseddau un injan 'Pot Coffi' De Winton ond roedd yn cario cyn lleied o lechi fel nad oedd o bwys mawr i ble'r oedd yn anelu.

Fodd bynnag, ymhell cyn hyn, yn 1852, roedd un gangen o reilffordd y London & North Western i'r Felinheli ac un arall i Borth Penrhyn wedi sicrhau bod rhwydwaith o reilffyrdd prif linell ar gael i fwy na hanner chwareli llechi Gogledd Cymru. Wrth i brisiau ar y rheilffyrdd ddod yn fwy rhesymol, daeth cludo ar y rheilffordd yn fwyfwy deniadol a thueddid i anfon allforion hefyd yn yr un modd i borthladdoedd mawr fel Lerpwl.

O ddiwedd y 1860au, roedd Rheilffordd Ffestiniog yn gallu trosglwyddo llechi Ffestiniog i drenau Rheilffyrdd y Cambrian yn seidin 'Beddgelert' Tramffordd Croesor ac yn 1872 gwnaed y gwaith o drosglwyddo yn llawer haws pan agorwyd cyfnewidfa fawr Minffordd;

Llwytho wagenni llechi gweigion ar gyfer Chwarel y Graig Ddu ar wagen gludo yng ngorsaf y Great Western Railway, Blaenau Ffestiniog

defnyddid hwn hefyd fel storfa lechi er mwyn ysgafnhau'r pwysau ym Mhorthmadog lle'r oedd pob cei yn orlawn.

Roedd y tri chyswllt rheilffordd hyn yn ymuno â phrif linellau oedd eisoes mewn bod, ond cyn hynny, yn 1869, roedd y London & North Western Railway wedi agor rheilffordd maint safonol i mewn i ganol yr ardal lechi. Roedd cangen Llanberis yn ei gwneud yn bosibl i nifer o chwareli preifat ddatblygu gan nad oedd Rheilffordd Padarn yn cario dim ond cynnyrch ei chwarel ei hun, sef Dinorwig. Fodd bynnag, wrth ddilyn dyffryn yr afon Seiont roedd yn rhaid iddi groesi'r afon naw gwaith mewn naw milltir, a gwnaeth hyn hi yn fenter gostus iawn.

Llawer mwy uchelgeisiol a chostus na'r un flaenorol oedd menter yr London & North Western Railway yn adeiladu rheilffordd i Flaenau Ffestiniog. Roedd estyniad o un filltir ar ddeg a hanner i'r gangen yn nyffryn Conwy yn golygu llawer o waith sifil, ac hefyd ddwy filltir o dwnnel trwy'r graig galetaf a dyllwyd erioed. Yn wahanol i'w cangen yn Llanberis roedd yn rhaid i'r llinell hon gystadlu â Rheilffordd Ffestiniog oedd wedi hen sefydlu yno; bu'r cyfnod adeiladu mor faith fel na chafodd ei hagor hyd 1879, ac erbyn hyn roedd y fasnach lechi mewn dirwasgiad. Er bod defnyddio llongau o'r porthladdoedd lleol yn mynd yn llai a llai poblogaidd, aeth rheilffordd y London and North Western ymlaen yn hyderus i adeiladu doc arbennig ar gyfer y gwaith yn Neganwy.

Roedd Rheilffyrdd y Cambrian eisoes yn cario oddi wrth Reilffordd Ffestiniog ym Minffordd, ac achosodd bygythiad rheilffordd y London and North Western i gipio busnes yn ardal Blaenau Ffestiniog cryn banig yn Paddington. O ganlyniad agorwyd cangen o reilffordd y Great Western o'r Bala i Flaenau Ffestiniog yn 1882. Er iddynt adeiladu rhyw 3 milltir ar wely Rheilffordd Ffestiniog & Blaenau – cangen fyrhoedlog ar gyfer 'bwydo' Rheilffordd Ffestiniog – ac er nad oedd angen unrhyw dwnnel, roedd llawer iawn o waith sifil arall i ymdopi ag ef. Roedd yn llai llwyddiannus hyd yn oed na'r London and North Western o safbwynt dwyn busnes oddi ar Reilffordd Ffestiniog.

Ffordd haearn Hafod y Llan

Er gwaethaf y dirwasgiad cynyddol, agorodd y London and North Western Railway gangen ddrudfawr arall yn ardal Bethesda yn 1884. Gydag Arglwydd Penrhyn yn llwyr reoli'r ardal a newydd ail adeiladu ei dramffordd ei hun sef Rheilffordd y Penrhyn i redeg ar stêm, ychydig iawn o gario llechi a welodd cangen Bethesda er gwaethaf adeiladu tri chan llath o dwnnel a thraphont osgeiddig Ogwen.

Roedd pedair llinell maint safonol arall ag iddynt gysylltiad â'r diwydiant llechi, sef Rheilffordd Mawddwy, llinell breifat oedd yn gweithredu fel cangen o'r Cambrian ac yn gwasanaethu chwarel Minllyn ym mhen uchaf dyffryn Dyfi, Rheilffordd Maenclochog a Rheilffyrdd Hendygwyn a Cheredigion, y ddwy yn ganghennau o'r Great Western Railway yn sir Benfro. Cymerodd yr olaf 12 mlynedd i'w hadeiladu – bron cymaint â gweddill rhwydwaith gyfan y Great Western! Ac yn olaf, Rheilffordd Tanat, a gynlluniwyd yn y 1870au fel cyswllt rhwng chwareli Llangynog a Rheilffyrdd y Cambrian. Ni chafodd hon ei hagor hyd 1904 ac erbyn hynny nid oedd nemor chwarel ar ôl iddi ei gwasanaethu.

Yn y cyfamser roedd symudiadau cyffrous ar droed yn hanes y rheilffyrdd bach (*narrow gauge*). Rydym wedi crybwyll hen Reilffordd y Penrhyn, oedd yn gwneud ei gorau glas i ymdopi â theirgwaith y pwysau a fwriadwyd iddi, a'r modd y gweddnewidiwyd hi yn 1876 i fod y rheilffordd stêm gyda'r fwyaf modern erioed. Dair blynedd yn ddiweddarach roedd y cyw hyll, sef Tramffordd Corris, Machynlleth ac afon Dyfi, wedi blodeuo i fod yn alarch osgeiddig ar ffurf Rheilffordd Stêm Corris.

Draw yn Sir Ddinbych cadwyd y traddodiad o fynd â'r ceffyl at y dŵr yn fyw mor bell â 1873 gan Dramffordd Dyffryn Glyn, ac yn yr achos hwn y dŵr oedd Camlas Trefaldwyn. Ymhellach ymlaen addaswyd y llinell i fod yn fath o dramffordd stryd yn rhedeg ar stêm, a'i thaith yn dod i ben yng ngorsaf y Great Western Railway yn Y Waen. Llwyddodd i oroesi a gwasanaethu chwareli cymharol fach Cambrian a Wynne hyd ganol y 1930au, gan ei bod hefyd yn cario tunelli lawer o gerrig.

Y datblygiad mawr – ac eithriadol – yn hanes rheilffyrdd llechi oedd Lein Bach Gogledd Cymru. Cwblhawyd hi yn 1881 i redeg o bentref i bentrefan, sef o gyfnewidfa gyda'r London & North Western Railway yn Dinas i anialdir moel ac agored Rhyd Ddu.

Pe byddai wedi rhedeg i Gaernarfon fel y bwriedid yn wreiddiol, ac wedi ei hagor ddeng mlynedd ynghynt, efallai, ac efallai'n unig, y byddai wedi bod yn llwyddiant. Fel y digwyddodd, ni bu hon na'i holynydd, Rheilffordd yr Ucheldir, yn ddim heblaw methiant economaidd.

Eto, mae'n rhaid cofio bod Lein Bach Gogledd Cymru, ac yn arbennig cangen y Bryngwyn ohoni, wedi galluogi chwareli Tryfan i ddatblygu a llwyddo trwy'r caletaf o gyfnodau caled.

Rheilffyrdd Llechi yng Nghymru

Rheilffyrdd Bach Arwyddocaol

O:		Hyd:
1801	Penrhyn	1961
1825	Dinorwig/Padarn	1962
1828	Nantlle	1964
1836	Ffestiniog	-
1856	Gorseddau	c1890
1859	Corris	1948
1864	Croesor	1930
1866	Talyllyn	-
1873	Dyffryn Glyn	1935
1877	Lein Bach G. Cymru	1922
1923	Ucheldir Cymru	-

Rhai rheilffyrdd llechi llai o faint
| 1850 | Abereiddi | c1890 |

1850	Cwmorthin	1939
1850s	Rheilffordd Sir Gaernarfon	c1915
1856	Oernant	c1900
1858	Arthog	1868?
1859	Frongoch	1884
1859	Ratgoed	1940au
1861	Cedryn	1880au
1863	Rhiwbach	1953
1868	Ffestiniog & Blaenau	1862
1868	South Snowdon	1880au
1868	John Robinson	c1875
1868	Hendre Ddu	1939
1868	Cwm Ebol	c1900
1870?	Deeside	1947

Rheilffyrdd maint safonol fu'n arwyddocaol yn hanes llechi:

1852	Y Felinheli L&NWR	1961
1852	P Penrhyn L&NWR	1963
1867	Mawddwy	1950
1869	Llanberis L&NWR	1964
1873	Hendygwyn & Ceredigion	1963
1876	Maenclochog	1965
1879	Blaenau L&NWR	-
1882	Blaenau GWR	1961
1884	Bethesda L&NWR	1953
1904	Tanat Valley	1960

Damwain ar Inclên Rhif 2, Ffordd Haearn Rhiw-bach, Cwm Penmachno

11
Euro'r Lili

Ymhell cyn canol y bedwaredd ganrif ar bymtheg roedd y diwydiant llechi yn cael ei gymryd yn ganiataol, yn enwedig o safbwynt cynnyrch slabiau. Edrychid arno fel deunydd 'bob dydd' a chyffredin a gwelid ef fel cynnyrch defnyddiol ond hynod o anniddorol. Mae'n hawdd deall pam nad oedd pobl am weld dim o gwmpas eu cartrefi fyddai'n eu hatgoffa o bisdai'r boneddigion neu gytiau moch, ac roedd llawer yn defnyddio paent i guddio'r ffaith mai o lechen y gwnaed eu silff ben tân a mân bethau o gwmpas y tŷ.

Os oedd y llechen am ehangu ei hapêl ac ennill ffafr gyda haen mwy ffyniannus cymdeithas, roedd yn ofynnol gwneud i ffwrdd â'r ddelwedd werinol a defnyddiol a rhoi i'r llechen dlawd fantell hardd a fyddai'n ei thrawsnewid yn llwyr. A dyna sut y dyfeisiwyd y broses enamlo.

Nid un person unigol oedd yn gyfrifol am ddarganfod y broses o enamlo llechi, yn hytrach roedd nifer o unigolion wedi datblygu gwahanol brosesau. Yr arloeswr mawr yn y maes hwn oedd George Eugene Magnus o Pimlico oedd yn cynhyrchu llechi ysgrifennu. Ef oedd perchennog chwarel Valentia yng ngorllewin Iwerddon a'i brif uchelgais oedd efelychu marmor – dyna sut y daeth 'Magnus Ware' i fod. Honnid ei fod yn fwy parhaol na marmor ac yn fuan iawn roedd hysbysebion

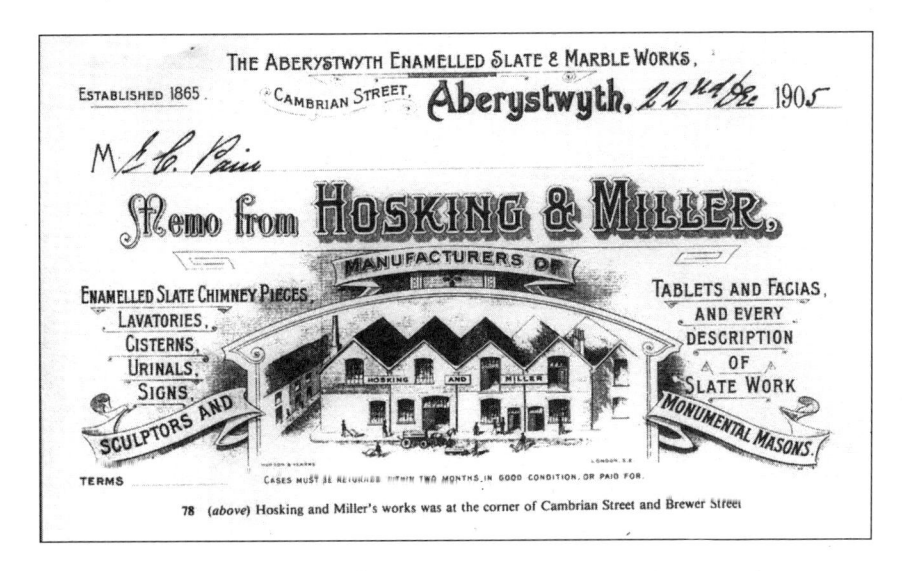

78 (*above*) Hosking and Miller's works was at the corner of Cambrian Street and Brewer Street

amdano yn canmol fel hyn: 'Marbles, Porphyries and other costly materials are faithfully and beautifully imitated at a fraction of the cost of the articles represented'.

Er gwaethaf y ffaith mai 'Marmor Ffug' oedd yr enw arno, daeth paneli, pilastrau, parwydydd a hyd yn oed grisiau wedi eu llunio ohono yn gyffredin iawn yn y tai mwyaf mawreddog gartref a thramor. Yn ôl y sôn roedd rhestr y cwsmeriaid yn cynnwys Napoleon III a nifer o frenhinoedd yr India.

Roedd silffoedd pen tân, wynebau stôf, pedestalau, byrddau consol, mân ddodrefn a standiau silffoedd Magnus hefyd yn addurno cartrefi mwy cyffredin a gwelid asbidistra ar stand lechen yn ffenestri ffrynt y rhan fwyaf o dai teras y trefi diwydiannol.

Trwy arbrofi a datblygu nifer o orffeniadau – ac ennill medal yn Arddangosfa Fawr 1851 yn sbarduniad ychwanegol iddo – canfu Magnus bod posibiliadau diddiwedd i lechen wedi ei henamlo. Ar unwaith, daeth galw am fyrddau a darnau eraill o ddodrefn llechi mewn mannau lle'r oedd hinsawdd boeth yn denu morgrug gwynion. Yn y gwledydd poethion roedd hyd yn oed cadeiriau llechi yn boblogaidd, ac yn ôl y sôn cadeiriau Magnus oedd yn oeri ychydig ar ordderchadon y Caliph yn y Seraglio yn Constantinople. Mae'r modd yr oedd perchnogion chwareli Penrhyn a Dinorwig hwythau yn harddu eu plasau eu hunain gyda'r cynnyrch diweddaraf hwn yn dangos pa mor 'hanfodol' oedd darnau o waith Magnus er mwyn cynnal safon byw gystadleuol y boneddigion – a hyn er gwaethaf y ffaith mai llechi estron oedd y rhain (nid oedd eu llechi hwy eu hunain yn addas i'w henamlo)

Archeb am Lechi Enamel

Roedd yr haen gyntaf o orchudd yn weddol hawdd, sef brwsio'r llechen gyda farnais tar neu liw cyffredin yn ddigon ffwrdd-â-hi. Ond roedd y broses nesaf yn ymwneud â gwres, a hon oedd y broses dyngedfennol.

Roedd yn rhaid sychu'r darnau ar wres rhwng 60°-70°F mewn ystafell sychu cyn eu peintio, a hynny am nifer o wythnosau yn achos slabiau trwchus. Yna rhoddid hwy mewn popty a chodi'r gwres yn raddol i 220°F am tua deunaw awr, wedyn eu gadael i oeri i tua 120°F cyn eu tynnu o'r popty. Gallai agor y drws archwilio bach yng nghaead y popty am eiliad fod yn ddigon i ddinistrio'r cyfan.

Yna deuai'r gamp fawr – ychwanegu'r effaith marmor neu goed neu beth bynnag. Gwneid hyn trwy eu trochi mewn dŵr oedd yn cynnwys lliw ac olew nad oeddynt yn cymysgu, a gyda chymorth symudiadau bach medrus gyda'r llaw a darn o bren, cadach neu sbwng, deuai'r effaith marmor i'r amlwg yn wyrthiol bron. Yn dilyn hyn byddai cyfnod arall o grasu yn y ffwrn.

Ni allai pob llechfaen wrthsefyll y fath wres uchel, ond roedd y math Ordofigaidd o'r Wythïen Gul yn Aberllefenni yn ddelfrydol i'r diben hwn. Dyna a ddefnyddiai Magnus yn bennaf, gan agor ffatri bwrpasol gerllaw lle'r oedd cangen o Reilffordd Corris i'w gwasanaethu.

Yn ddiddorol iawn, roedd ffatri Inigo Jones yn y Groeslon wedi ei sefydlu ar gyfer cynhyrchu llechi ysgrifennu o gynnyrch chwareli Nantlle, ond pan benderfynwyd newid drosodd i enamlo, roedd yn rhaid chwilio am ddeunydd o chwareli eraill, gan brynu chwareli fel Cae Defaid ger Dolgellau a Chymerau ger Corris er mwyn sicrhau

Chwistrellu paneli trydan cyn eu stofio ym Mruich Goch

cyflenwadau. Hefyd bu raid iddynt arwyddo cytundebau gyda nifer o chwareli ym mhen uchaf dyffryn Dyfi fel Gartheiniog a Thalymerin.

Er mai Magnus oedd y prif gynhyrchwr, roedd llawer eraill yn dilyn yn dynn wrth ei sodlau a thua diwedd y bedwaredd ganrif ar bymtheg roedd nifer o gwmnïau enamlo a thri math o ffatri.

1. Ar y safle fel rhan o'r chwarel. Roedd gan Hafodlas ger Betws y Coed, Braich Goch yng Nghorris, Rhiw'r Gwreiddyn yng Ngheinws, Gartheiniog yn nyffryn Angell gerllaw a Dolbadau yn sir Benfro, oll boptái ar y safle. Hefyd cafodd Cwmni Enamlo Chwareli Llechi Aberglaslyn (yr Aberglaslyn Slate Quarries Enamel Co) ei sefydlu yn 1886 yn chwarel Cwm Caeth, ger Beddgelert, er nad oes unrhyw dystiolaeth i'r cwmni gynhyrchu dim o gwbl.

2. Oddi ar y safle ond yn gyfleus gerllaw'r chwarel. Yn arferol caent eu rhedeg gan berchnogion annibynnol - Ffatri Matthews, a sefydlwyd gan Magnus yn Aberllefenni oedd yr enghraifft fwyaf amlwg, a chwmni Inigo Jones yn y Groeslon oedd y mwyaf llwyddiannus. Bu Cwmni Towyn (Cwmni Maglona yn ddiweddarach) yn weithredol yn Ffatri Bodtalog, Tywyn, cyn prynu chwarel Rhiw'r Gwreiddyn. Am gyfnod hefyd, buont yn defnyddio'r ffwrn ym Machynlleth, ffwrn a adeiladwyd yn wreiddiol gan chwarel Ratgoed gerllaw Aberllefenni, ac a leolwyd yno yn rhannol er mwyn arbed cario glo ac yn rhannol am fod llafur ar gael yn yr ardal, ac yn wir er mwyn eu galluogi i gyflogi merched. Yn ddiweddarach roedd Cwmni Llechi Cambrian, mewn cydweithrediad â chwmni o'r enw Decorated Fireplace & Materials of London, yn enamlo silffoedd pen tân

> working, &c. in scagliola.
> **47** BUCKLEY, G. Bayswater, Prod.—Column and two slabs, painted in imitation of Sienna marble.
> **50** MAGNUS, G. E. Pimlico, Inv.—Manufactures in slate: Enamelled slate; representing various marbles inlaid after Florentine mosaic, &c.
> **51** NICOL & ALLEN, 57 Upper Marylebone St. Des. and Painters.—Imitations of marbles; design for a table-top, imitation of inlaid marbles.
> **52** LAMBERT, C. Abbey, Ireland, Prop.—Dark green Connemara marble tables and Serpentine tables from Bally-

Eitem yn atodlen yr Arddangosfa Fawr, 1851

o lechen Llwyngwern yn eu ffatri ym Machynlleth.
Roedd nifer o ffatrïoedd enamlo hefyd yn Aberystwyth, rhai fel Hoskins & Miller a Peter Jones. Byddent yn defnyddio llechi o Gorris, Llwyngwern a nifer o chwareli bychain o boptu aber yr afon Dyfi, a phrynwyd chwarel Glandyfi ganddynt hefyd er mwyn diogelu eu cyflenwad llechi.
Yn y porthladdoedd llechi roedd ffwrneisi enamlo gan gwmnïau fel Nicholas & Owen, Caernarfon a H.Williams, Bangor. Yn nechrau'r ugeinfed ganrif gwnaed ychydig o waith enamlo yn ffatri Pentrefelin ger Llangollen gan ddefnyddio llechi a gludid ar Dramffordd Oernant o'r chwareli ym Mwlch yr Oernant.

3. Y tu allan i'r ardal. Câi'r gwaith o enamlo ei gwblhau mewn nifer o ddinasoedd a phorthladdoedd, fel arfer gan gwmnïau cynhyrchu megis Sessions yn ne Cymru a Gloucester, a chwmnïau fel Bow Slate a Langer, Powell & Magnus yn Llundain

Yn ychwanegol at hyn, roedd nifer o chwareli Cymreig nad oedd ganddynt adnoddau enamlo a byddent hwy yn trefnu i gwmnïau eraill wneud y gwaith drostynt. Er enghraifft, roedd gan Rosebush yn sir Benfro drefniadau gyda Langer, Powell & Magnus, er nad oes unrhyw gofnod iddynt fynd mor bell â gwerthu unrhyw eitemau wedi eu henamlo.

Nid oedd mân bethau addurniadol oes Fictoria mor dderbyniol erbyn dechrau'r ugeinfed ganrif - gwelwyd dirywiad yn y farchnad enamlo ac yn y cartref daeth silffoedd pen tân duon wedi eu haddurno gyda llinellau a phatrymau aur yn boblogaidd. Roedd crefftwaith y rhain o safon uchel iawn. A thra bu 'graenio' yn y ffasiwn, bu pren ffug hefyd yn boblogaidd.

Yn ffodus, fel y pylai'r galw am offer tŷ, roedd trydan yn

SLATES
Specially Selected for **Electrical Work**.
Easily Drilled and Free from Metallic Veins.

ENAMELLED PANELS, BASES, DISCS, &c.
Slates Drilled and Shaped to Specification.

INIGO JONES & CO.,
Slate Masons and Enamellers,
TUDOR SLATE WORKS,
GROESLON, R.S.O., NORTH WALES.

Price List on Application.

ennill ei blwyf, a daeth galw am lechen ar gyfer switsfyrddau ac eitemau eraill yn ymwneud â thrydan.

Yn ddeunydd sefydlog, nad oedd yn dargludo, roedd llechi wedi eu henamlo yn ddelfrydol ar gyfer switsfyrdd a datblygodd marchnad enfawr ar gyfer slabiau duon wedi eu henamlo i'w gosod mewn gorsafoedd ynni, is-orsafoedd, ffatrïoedd, rheilffyrdd trydan a thramffyrdd. Gwneid defnydd eang ohono ar fyrddau llongau moethus a diddorol yw nodi mai o chwarel Braich Goch y daeth y paneli rheoli ar gyfer y 'Queens' a llongau teithio mawr eraill. Am gyfnod defnyddid llechi wedi eu henamlo hefyd i ddal blychau ffiws a phrif switsus mewn tai.

Ar gyfer gwaith trydanol, yr arferiad oedd peintio'r wyneb a'r pedair ochr ac yna yn ei rhoi yn y ffwrn. Wedi iddi oeri câi'r wynebau oedd wedi eu trin eu rhwbio nes eu bod yn sgleinio fel swllt a châi'r cefn ei beintio ond nid ei enamlo na'i sgleinio.

Parhaodd y farchnad hon hyd y 1970au, ond erbyn hynny roedd chwistrellu wedi disodli'r broses enamlo draddodiadol.

Yn ystod y 1920au roedd pobl yn symud allan o ganol y trefi i fyw yn y maestrefi newydd ac yn mynnu nad oedd eu cartrefi newydd yn ddim tebyg i'r tai teras diwydiannol, llwyd. Roedd rhoi teils lliw ar y to yn rhan o'r broses hon a llechen werdd oedd y fwyaf ffasiynol – llechen o ogledd orllewin Lloegr.

Mewn ymateb i'r gystadleuaeth daeth nifer o'r chwareli mwyaf ynghŷd a sefydlu cwmni a elwid y Colloidal Slate Company wrth ochr y rheilffordd yng Nghyffordd Llandudno, yn hwylus ar gyfer gogledd sir Gaernarfon a Blaenau Ffestiniog. Gallai'r cwmni hwn gynhyrchu llechi mewn unrhyw liw o'r bron trwy ddilyn proses drochi weddol syml. Roedd y cynnyrch tua 15% yn ddrutach na llechi Cymreig naturiol ond yn dal bron 25% yn rhatach na'r Lakeland Green. Er eu bod yn ddrutach na theils, bu'r diwydiant yn llwyddiannus am gyfnod, ond pan aeth y 'Westmorland' allan o ffasiwn, suddodd y busnes i ddirwasgiad. Prynodd Oakeley, un o'r partneriaid gwreiddiol, y busnes gan ei symud i Flaenau Ffestiniog, ond cau fu ei hanes pan ddaeth yr Ail Ryfel Byd.

12
CELFYDDYD LLECHEN

Mae greddf ddynol i greu darluniau mor gryf a llechen mor hawdd ei marcio gyda darn o fetel neu garreg galed, fel bod creu lluniau ar lechen yn sicr o fod yn dyddio'n ôl i gyfnod cynnar iawn.

Gellir dweud bod celfyddyd llechen wedi cychwyn yn y Canol Oesoedd. Dyna pan ddechreuwyd crafu dyddiadau yn ogystal â llythrennau cyntaf ar feddfeini cyntefig ac yna ychwanegu amlinellau a phatrymau syml megis y codiad haul clasurol neu ben person dan gylch o oleuni.

Yn y bedwaredd ganrif ar bymtheg, wedi i feddfeini ddatblygu yn gerrig beddau unionsyth, daeth newid yn eu ffurf hefyd – o'r hirsgwar neu bengrwn syml i gynnwys amrywiaeth eang o ffurfiau ac addurn. Roedd rhai cof-feini wedi eu llunio'n gymhleth ac wedi eu smentio a'u huno gyda hoelion pren. Mewn ardaloedd lle na cheid gwasanaeth rheilffyrdd a lle'r oedd y llechi'n wael, yn aml byddai'n arferiad defnyddio panel o lechen gogledd Cymru ar gyfer yr arysgrifen a'i gosod mewn slaben o garreg leol. Ambell dro byddai'r meini hyn yn fodiwlar ac

'Ysgyfarnog Dros leuad Glas' - Basgerfwedd mewn llechen gan Meic Watts.
Trwy ganiatâd caredig Mrs Ann Cole.

yn ddigon mawr i gynnwys cofeb i nifer o aelodau'r teulu, neu, yn drist iawn, nifer o blant wedi marw yn ifanc ac o bosibl o ganlyniad i'r un epidemig.

Wrth i'r addurno ddod yn fwyfwy cymhleth, roedd yn cynnwys cerfwedd ddofn a hyd yn oed addurniadau tri-dimensiwn ac roedd hyn yn mwy na chyfiawnhau i'r seiri coffaol eu galw eu hunain yn 'gerflunwyr'. Roedd defnyddio eu harddull a'u ffontiau llythrennu unigryw eu hunain yn rhoi nod masnach ar eu gwaith a daeth y grefft hon yn gelfyddyd ynddi ei hun.

Roedd y cerflunwyr hyn yn uchel iawn eu parch ac yn gwneud llawer mwy o arian na chrefftwyr teithiol eraill, ac yn aml yn byw yn gyfforddus iawn. Yn y dyddiau hyn o 'garreg'wedi ei adffurfio a llythrennu gyda chymorth cyfrifiadur a phlaen, nid yw cerfwyr cerrig beddi mewn cymaint bri, ond er hynny mae llythrennu ar lechen yn dal i gynhyrchu 'pencampwyr caligraffi' megis John Williams, Ieuan Rees a'r diweddar Jonah Jones.

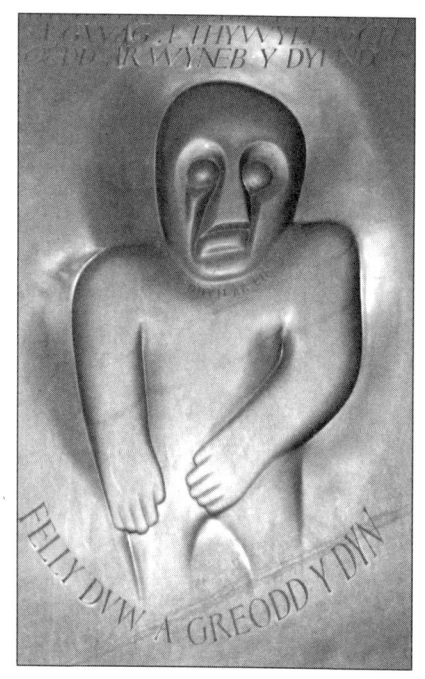

Genesis' – Basgerfwedd gan John Cleal. Trwy ganiatâd caredig Sefydliad Cwmaman.

Yn hollol annibynnol oddi wrth grefftwyr proffesiynol o'r fath, roedd y chwarelwyr hwythau yn defnyddio'u sgiliau a'u celfi gwaith ac yn addurno a rhoi eu stamp personol eu hunain ar eu cartrefi trwy naddu, arysgrifo a cherfio ar ddodrefn a gratiau, linterydd, silffoedd a physt giatiau. Heblaw arddangos gallu'r crefftwr, roedd llawer o'r rhain hefyd yn dangos mor ddatblygedig oedd eu synnwyr artistig.

Roedd y reddf hon am y ddelwedd yn amlwg yn y gwaith addurnol ar bob math o nwyddau masnachol mewn llechen. Byddai eitemau mor wahanol ag eirch y gellid eu hail ddefnyddio a blychau bwyd anifeiliaid yn aml gydag arysgrifau a gwaith naddu cywrain arnynt.

'Llygad-dyst' – Basgerfwedd gan Ivor Richards

Mae arlunio gan ddefnyddio llechen fel cyfrwng – a hynny oherwydd ei natur, ei sefydlogrwydd neu ei gwead - yn amlwg yn gelfyddyd draddodiadol. Cyn gynhared â'r ddeunawfed ganrif gwelodd arlunwyr fel Richard Wilson ac Alfred Worthington bod llechen yn sail mwy sefydlog a pharhaol i baent olew na defnyddiau mwy confensiynol. Heddiw mae arlunwyr fel y mân-ddarluniwr Ken Taylor yn parhau gyda'r traddodiad o beintio ar lechen.

Mae nifer o grefftwyr megis Sara Humphreys wedi canfod y gall llechen fod yn ddeunydd addas ar gyfer tlysau crog, pendants, addurn cyffiau, breichledi, mwclis a darnau addurnol eraill. Yn wir mae llawer o bobl yn credu'n wironeddol bod llechen ynddi'i hun yn 'garreg' werthfawr ac yn ystyried defnydd mwy bydol ohoni yn afradlonedd.

Nid yn aml y defnyddir llechen ar gyfer celf tri-dimensiwn, yn enwedig gwaith ffigurol, ond mae cerflunwyr byd enwog fel Barbara Hepworth wedi llunio gweithiau haniaethol o bwys o'r deunydd hwn.

Mewn cerfwedd y daw addasrwydd ac amlbwrpasedd llechen i'r amlwg orau. Trwy ddefnyddio holl dechnegau'r hen 'Gerflunwyr Coffaol', mae ffurfiau a phortreadau nid yn unig yn elwa oddi wrth natur sylfaenol y deunydd, ond hefyd oddi wrth ei wead a'i liw. Mae nifer o artistiaid enwog fel Reg Beach, Ivor Richards, Diana Hoare a John Cleal wedi rhagori yn y cyfrwng hwn.

Gall cynnwys bandiau ac elfennau eraill ychwanegu at harddwch gwaith celf a gellir defnyddio lliwiau cyferbyniol mewn cyfosodiad er mwyn creu effeithiau fel y rhai y gwnaiff artistiaid fel William Rice ddefnydd helaeth ohonynt.

Ar wahân i'r defnydd a nodir uchod, defnyddir llechen fwyfwy fel nodwedd ym maes adeiladu. Mae cynnwys llechen yn nrychiadau a thal wynebau adeilad y Cynulliad, Canolfan y Mileniwm (Caerdydd) a'r Amgueddfa Forol a Diwydiannol Genedlaethol (Abertawe) nid yn unig

Placiau llechi, Clean Slate Design.

yn harddu'r adeiladau hyn ond hefyd yn eu gwneud yn ddatganiad digamsyniol o hunaniaeth Gymreig.

Trwy fynd y tu hwnt i'r gweledol a'r cyffyrddol, mae Will Menter wedi ychwanegu'r clywedol trwy gyfrwng ei offerynnau cerdd o lechi.

13
Llechi'r dyfodol

Nid cau chwarel Dinorwig yn 1969 oedd diwedd y dirwasgiad. Caewyd Penyrorsedd yn 1977 gan adael dyffryn Nantlle, oedd unwaith yn cynnal deugain o chwareli, bron yn hollol amddifad o unrhyw waith llechi.

Yn y 1980au gwawriodd dydd o obaith eto ond byrhoedlog fu'r cyfnod hwn hefyd. Daeth y teulu Williams, oedd wedi ymwneud â chwareli ers chwe chenhedlaeth, ac wedi ymdrech hir llwyddo i adennill Bwlch y Slaters (y chwarel ym Manod a ddefnyddiwyd i storio paentiadau) o ddwylo cyndyn y Llywodraeth, a'i datblygu, ailagor chwareli Oakeley a Phenyrorsedd a chynllunio i ailddatblygu chwarel Rhosydd.

Daeth cwmni o'r tu allan ac ailgychwyn Croes y Ddwy Afon, ac hefyd gan ymestyn chwarel danddaearol fechan y diweddar Robin Williams yng Nghwmorthin.

Fodd bynnag, y gwir yw y gall cynhyrchwyr Ewropeaidd, yn gweithio ar safleoedd tir gwyrdd, heb eu llesteirio gan hen weithfeydd, adeiladau hen ffasiwn a thomennydd rwbel, danbrisio cynnyrch chwareli Cymru. Hyd yn oed mewn achosion lle gallai teimlad a chyfrifoldeb cymdeithasol fod yn bwysicach na phrisiau, mae'n anghyfreithlon i ddefnyddwyr ddynodi 'Cymreig', nac i lunio manyleb sydd yn dechnegol gywir ond a allai ffafrio cynnyrch lleol. Y gorau y gellir ei wneud yw mynnu cydymffurfiad â Safon Brydeinig sydd â gofynion hael iawn fel bod y cyfan, ond y gwaelaf un o'r cynnyrch a fewnforir, yn cydymffurfio â hi.

Yn ffodus, mae prynwyr o dramor yn rhydd oddi wrth gyfyngiadau o'r fath ac mewn llawer rhan o'r byd mae'r geiriau 'Welsh' a 'Best' yn gyfystyr. O ganlyniad, mae chwarel y Penrhyn yn ffynnu ac er nad oedd adfywiad y 1980au mor amlwg ym mhobman, mae'r Oakeley a Bwlch y Slaters yn parhau, er bod yr holl weithgaredd wedi ei ganoli yn y Penrhyn, gan mai'r un yw

Cloc gan William Rice

perchennog y cyfan ohonynt. Mae Llechwedd yn dal i fod, ac mae grym penderfyniad a buddsoddiad hael wedi adfywio chwarel Berwyn ger Llangollen i gwrdd â marchnad ddethol. Yn Nhwll Llwyd, Nantlle mae'r brodyr Humphreys yn parhau i ddefnyddio arbenigedd a gasglwyd dros gyfnod o ddwy ganrif a rhagor. Hefyd mae nifer o chwareli eraill ar raddfa fach iawn yn dal ar agor.

Mae'n rhaid cyfaddef nad yw cyfanswm cynnyrch y diwydiant llechi Cymreig erbyn hyn yn ddim ond cyfran fach iawn o allbwn diwedd y bedwaredd ganrif ar bymtheg, ond nid glynu'n sentimental wrth ffordd o fyw ddiflanedig a geir ychwaith. Mae dynion busnes yn gyfrifol amdano – pobl sy'n parchu'r gorffennol ond yn edrych i'r dyfodol. Mae'r gweithwyr yn ddynion (a merched hefyd erbyn hyn) sydd yn gallu cael y gorau allan o'r peiriannau meicro sglodion diweddaraf. Mae'r melinau a'r gweithdai oedd fel amgueddfeydd dro'n ôl erbyn hyn yn arddangos y dechnoleg fwyaf diweddar.

Mae'r diwydiant llechi presennol yng Nghymru wedi canfod bwlch yn y farchnad lle gall wynebu cystadleuaeth oddi wrth gynhyrchwyr yr UE, ond y duedd yw i gynnyrch gwledydd Ewrop gael eu tanbrisio gan wledydd sydd yn awr yn datblygu a lle mae llafur yn rhad. Enghraifft drist o fregusrwydd presennol y chwareli llechi oedd cau chwarel Aberllefenni yn 2004 wedi dros bum can mlynedd o weithio di-baid. Mewn gwrthgyferbyniad i hyn cafwyd adfywiad ar raddfa fechan pan ail agorwyd chwarel Cefn yng Nghilgerran, sir Benfro, Braich Ddu yn Nhrawsfynydd ac Alexandra yn Rhosgadfan.

Eto'i gyd, mae dyfodol disglair i lechi Cymreig mewn ambell gyfeiriad. Nid yw'r beddfeini llechfaen wedi darfod ac mae ierdydd y seiri arbenigol sy'n cynhyrchu meini coffa yn cadw crefft yr hen gerflunwyr yn fyw. Ym maes pensaernïaeth, mae cwmnïau fel Inigo Jones yn y Groeslon, Cerrig ym Mhwllheli,

Bwrdd gan Clean Slate Design

Llechi Eryri ym Mlaenau Ffestiniog a Clean Slate Design yn Nhrawsfynydd wedi llwyddo i fanteisio ar genedlaethau o brofiad mewn trin llechi er mwyn trawsnewid gwrthrychau mor fydol a chyffredin â bwrdd llechen y gegin gefn yn arwyneb gweithio gyda'r mwyaf ffasiynol.

Gall y traddodiadol yn ein mysg droi trwyn ar enwau tai a mân bethau, ond mae matiau diod o lechen, er enghraifft, yn gwerthu am bris sydd ugain gwaith y dunnell yn uwch na'r llechi toi gorau. Yn wir, mae hwn yn fasnach sy'n parhau i chwilio am werth ychwanegol fel y dangosodd Patent Llechi Brig Kellow.

Mae rhai eitemau bach, arbenigol yn golygu mwy o lafur, ac mae hyn yn werthfawr o safbwynt cymdeithasol gan ei fod yn diogelu'r sgiliau y mae llifiau laser a pheiriannau mecanyddol yn eu difa mewn gwaith llechi cyffredin. Hefyd, yn wahanol i weithio llechi confensiynol, sydd wedi dod yn fwyfwy dwys a chyfalafol a dibynnol ar swm mawr o waith, mae llunio eitemau o'r fath yn gallu bod yn broffidiol ar raddfa fach ac heb olygu fawr ddim buddsoddiad.

Mae defnyddio llechen i ddibenion celf yn galw am sgiliau sydd yn wahanol iawn i hollti darn mawr o graig, er enghraifft. Ond mae er hynny yn gofyn am gydymdeimlad cyffelyb â'r graig a dealltwriaeth ohoni, ac mae hyn eto yn cynnal un o'r sgiliau cynhenid. Yn rhyfedd iawn, mae artistiaid nad oes ganddynt y fantais o fod wedi eu magu yn yr awyrgylch hwn yn canfod bod byw ymhlith llechi yn eu galluogi i fagu empathi cyffelyb â'r garreg las.

Felly gellir dweud yn sicr nad yw diwydiant llechi Cymru yn marw ond yn hytrach yn mynd trwy broses o newid. Mae hyn yn argoeli'n dda ar gyfer ffyniant a goroesiad mewn mannau fel Bethesda neu Flaenau Ffestiniog. Mae'n rhaid cyfaddef nad yw diwylliant y Caban yn bod rhagor, os y bu erioed mor gryf ag y byddai'r haneswyr am i ni gredu. Ac nid oes gan y diwydiant feirdd o safon Eifion Wyn, (clerc yn chwarel Croesor), emynwyr fel William Owen (chwarelwr o Fethesda), neu lenorion cystal â Kate Roberts (merch i chwarelwr yn Alexandra) na llyfr gasglwyr fel Bob Owen (clerc arall yng Nghroesor), cewri llenyddol y bedwaredd ganrif ar bymtheg a'r ugeinfed ganrif. Ond pwy all ddweud na fydd eu cymheiriaid yn ymddangos rywbryd yn ystod yr unfed ganrif ar hugain?

Sut bynnag, fel ym mhobman arall, mae'r ddelwedd weledol yn disodli'r gair ysgrifenedig, ac mae etifeddion y teyrnlinau chwarelyddol yn barod yn amlwg ym meysydd drama, ffilmiau a theledu.

Chwarel Llechwedd. Bydd teithiau'r Chwarel yn ymweld â'r felin sydd yng nghanol y darlun

Mewn cerddoriaeth y mae'r hen draddodiadau yn eu hamlygu eu hunain orau. Mae llai o gorau a bandiau pres ac nid ydynt ynghlwm wrth y capeli na'r chwareli mwyach, ond maent yn dal i fod yn ganolog i fywyd y cymunedau. Mae Band Deiniolen, er enghraifft, sydd â'i bencadlys mewn hen ffatri llechi ysgrifennu, yn ganolbwynt bywyd y pentref. Mae gan Gôr Meibion y Moelwyn o bosibl fwy o ddilynwyr ym Mlaenau Ffestiniog na hyd yn oed y tîm rygbi. Ac mae gan yr ŵyl fawreddog, Gŵyl y Faenol, a gynhelir yng ngerddi cyn berchennog chwareli Dinorwig, gysylltiadau amlwg â llechi. Mae canolfan rhagoriaeth cerdd a chelfyddyd y Tabernacl ym Machynlleth yn tynnu ar draddodiad diwylliannol a ddaeth i fri yn ystod oes aur y chwareli yn ne Sir Feirionnydd.

Ond mae cerddoriaeth hefyd wedi symud gyda'r amserodd ac mae'r ardaloedd llechi ar flaen y gad ym maes datblygu cerddoriaeth fodern. Mae 'Pesda Roc' yn gosod Bethesda yn gadarn yn y darlun cenedlaethol, yn arwain Cymru os nad y DU mewn cynhyrchu recordiadau – o Flaenau Ffestiniog y daw'r unig gystadleuaeth sydd iddo.

Mae defnyddio'r mynyddoedd anferth o wastraff yn dod yn ddiwydiant fwyfwy pwysig. Er na ddefnyddir yr hen sgiliau, mae'n datblygu sgiliau newydd ac yn cyfrannu tuag at gynnal fflam yn y gymuned.

Bu dyfeisio dulliau o ddefnyddio gwastraff llechi yn gamp i feddyliau blaengar dros y blynyddoedd. Ar un adeg roedd cryn gyffro oherwydd bod y Ffrancwyr yn addasu gwastraff llechi yn gynnyrch marchnadol – ond ni ellid canfod union sut gan fod rhyfel rhwng y wlad hon a Napoleon yn mynd rhagddi ar y pryd Yn wir, mae nifer o chwareli dros y blynyddoedd wedi bod yn addasu gwastraff llechi ac yn ei werthu ar gyfer nifer fawr o ddibenion – fel sgraffinydd, fel sail colur ac fel llenwad ar gyfer cynhyrchu plastig. Yn fwy diweddar defnyddiwyd llechen ar ffurf powdwr gyda ffibr wydr i wneud 'llechi' ffug mewn ffatri bwrpasol yn chwarel yr Oakeley, Blaenau Ffestiniog. Yn anffodus mae'r broses malu yn un ddrud ac hefyd mae'r defnydd hwn o lechen yn galw am wastraff ffres heb ei ddifwyno trwy fod yn agored i'r aer yn hir. Un defnydd pur addawol ar gyfer gwastraff llechi yw llenwad bylc. Ni ellir adennill dim ond cyfran fach iawn iawn o'r cannoedd o filiynau o dunelli o wastraff llechi a gynhyrchwyd gan y diwydiant, ond mae'r drefn gyllidol bresennol yn gwneud i weithgaredd o'r fath ymddangos yn fwyfwy deniadol. Cyn belled â bod peiriant malu cerrig cludadwy ar gael, mae'n bosibl gweithio tomennydd cymharol fach a gweddol anghysbell, a hynny yn economaidd, gan baratoi'r ffordd ar gyfer diwydiant ar raddfa eang.

Un digwyddiad hapus a ddaeth yn sgil cau chwarel Dinorwig oedd sefydlu Amgueddfa Lechi Cymru, gyda diolch haeddiannol i'r diweddar Mr. D. Morgan Rees o Amgueddfa Genedlaethol Cymru.

Roedd y cam hwn, ynghyd â mentergarwch Mr.Hefin Davies yn sefydlu Teithiau Chwarel yn chwarel Llechwedd, Blaenau Ffestiniog, nid yn unig yn diogelu nifer fawr o beiriannau ac yn meithrin hen sgiliau, ond hefyd yn codi ymwybyddiaeth y cyhoedd ohonynt.

Roedd hyn yn paratoi'r ffordd ar gyfer amgueddfeydd/canolfannau ymwelwyr fel y rhai a geir yng ngweithdai Inigo Jones ac yn chwarel Llanfair. Ni chyfyngwyd yr ymwybyddiaeth hwn i'r diwydiant llechi ychwaith, gan ei fod wedi arwain at sefydlu nifer o fentrau ym meysydd tecstilau a mwyngloddio. Mae hefyd wedi datblygu diddordeb mewn hen sgiliau ac yn cydnabod yr angen i ddiogelu eu gweddillion ffisegol – un enghraifft yw'r gwaith a wnaed gan Barc Cenedlaethol Eryri i sefydlogi adeilad unigryw y ffatri lechi yng Nghwm Ystradllyn.

'Eglwys Gadeiriol Llechi' – y felin ar gyfer chwarel Gorseddau yng Nghwm Ystradllyn

Tŷ Drym ar ben uchaf Inclên Pant yr Afon, Chwarel Llechwedd. I lawr hon yr anfonid cynnyrch y chwarel.

Rhai chwareli

Abercwmeiddaw	SH746093
Abereiddi	SM705315
Aberllefenni	SH768103
Alexandra (Cors y Bryniau)	SH518562
Arthog	SH650151
Braich	SH510552
Braich Goch	SH748074
Bryneglwys	SH695954
Cae Defaid	SH784233
Cilgwyn	SH500540
Conglog	SH668467
Croesor	SH657457
Cymerau	SH779116
Cwm Caeth	SH605466
Cwm Maengwynedd	SJ075326
Dinorwig	SH595603
Dolbadau	SN198209
Dorothea	SH500532
Gartheiniog	SH822117
Glandyfi	SN698961
Glanrafon	SH581540
Goleuwern	SH621122
Graig Ddu	SH724454
Hafodlas	SH779562
Llwyngwern	SH757045
Maenofferen	SH715467
Moel Tryfan	SH515559
Penmachno	SH751470
Prince of Wales	SH549498
Rhiw'r Gwreiddyn	SH760054
Rhos	SH729564
Rhosydd	SH664461
Rosebush	SN079300
South Snowdon	SH613524
Talymieryn	SH825119
Treflan	SH539584
Votty & Bowydd	SH708462

Gweithiau Llechi

Bodtalog	SN598994
Crawia	SH536643 ayb
Glandinorwig	SH572632 ayb
Newborough	SH699456
Pentrefelin	SJ218436

Pentrefi a adawyd i adfeilio

Rhiwbach	SH742462
Treforus	SH560454

Chwareli sy'n dal i weithio

Alexandra	SH519562
Berwyn	SJ 185463
Braich Ddu	SH718384
Cefn	SN204428
Llechwedd	SH670087
Manod	SH732455
Oakeley	SH690466
Penrhyn	SH620650
Twll Llwyd	SH490518

Nid yw gwaith ar y tomennydd wedi ei gynnwys, ond mae rhai chwareli bach iawn, yn weithredol mewn enw yn unig, wedi eu cynnwys.

TAI CHWARELWYR FRON HAUL

Daw'r tai hyn yn wreiddiol o Danygrisiau, Blaenau Ffestiniog – cawsant eu datgymalu yn 1998 a'u hailgodi yn Amgueddfa Lechi Cymru, Llanberis. Mae pedwar tŷ yn y rhes – neilltuwyd y pedwerydd ohonynt fel tŷ addysg. Yn Rhif 3, ailadeiladwyd a dodrefnwyd y tŷ i gynrychioli Oes Aur y chwarelwyr, 1861; yn Rhif 2, ail-grëwyd tŷ o gyfnod Streic y Penrhyn, 1901 ac yn Rhif 1, diwedd cyfnod yw'r stori y tu ôl i ddiwyg y tŷ – 1969 a chau Chwarel Dinorwig.

AMGUEDDFA LECHI CYMRU
Y Gilfach Ddu, Parc Padarn, Llanberis, Gwynedd LL55 4TY.
Ffôn: 01286 870630
e-bost: llechi@aocc.ac.uk   lle ar y we: www.aooc.ac.uk

Lleolir Amgueddfa Lechi Cymru ar safle hen weithdai Chwarel y Gilfach Ddu yn Chwarel Dinorwig ar lan Llyn Padarn. Mae'r amgueddfa ar agor drwy gydol y flwyddyn a'r mynediad am ddim. Ymysg yr atyniadau mae ffilm fer 3D, cyfle i weld crefftwyr yn hollti a naddu llechi, yr olwyn ddŵr fwyaf ar dir mawr gwledydd Prydain, ffowndri, tai chwarelwyr Fron Haul, gweithdai saer a gof, tŷ'r rheolwr, inclein (yn rhedeg fel arfer rhwng 2-3 y pnawn os yw'r tywydd yn caniatáu), caffi gyda bwyd cartref a siop nwyddau.

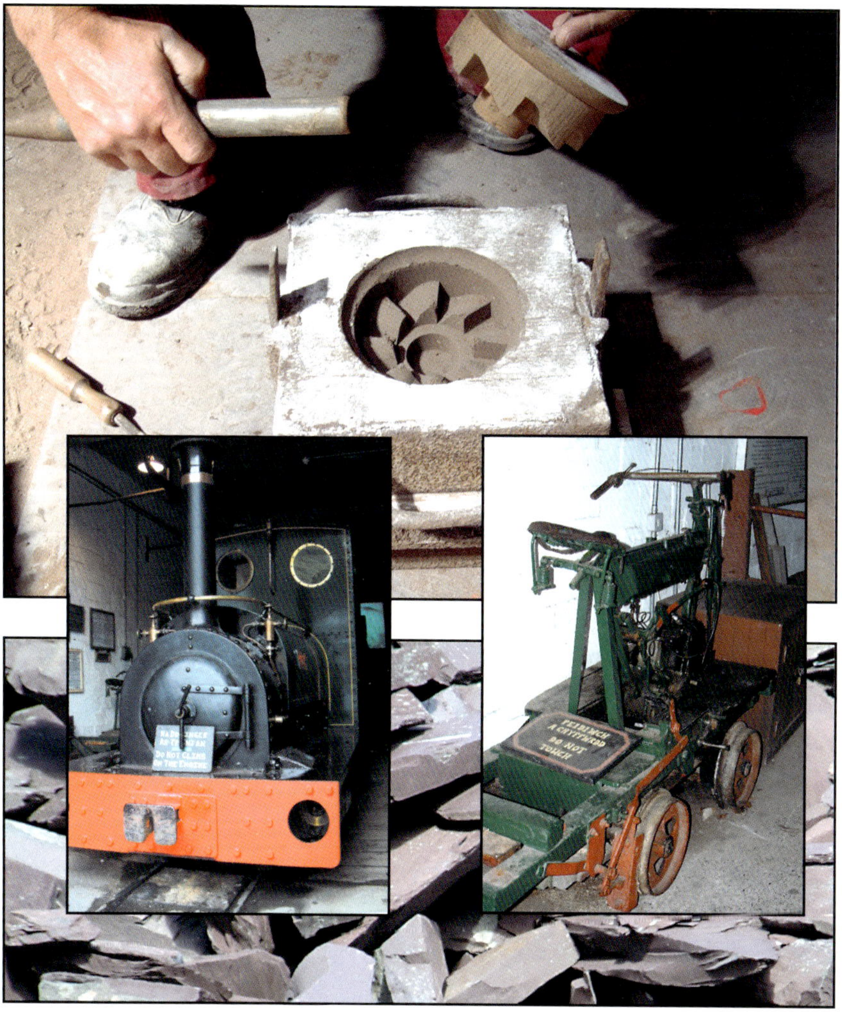
DO NOT CLIMB
ON THE ENGINE
DO NOT
TOUCH

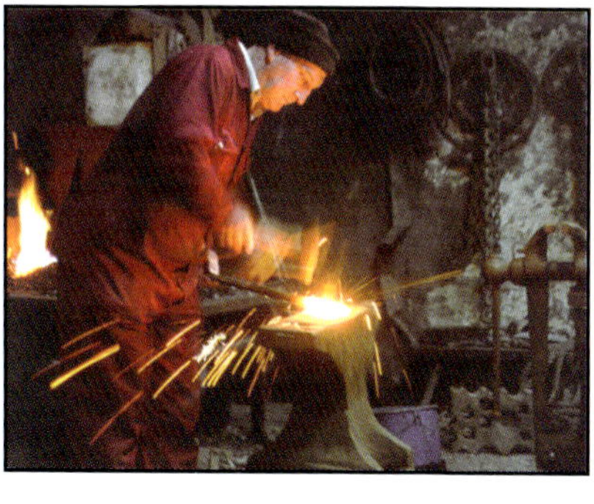

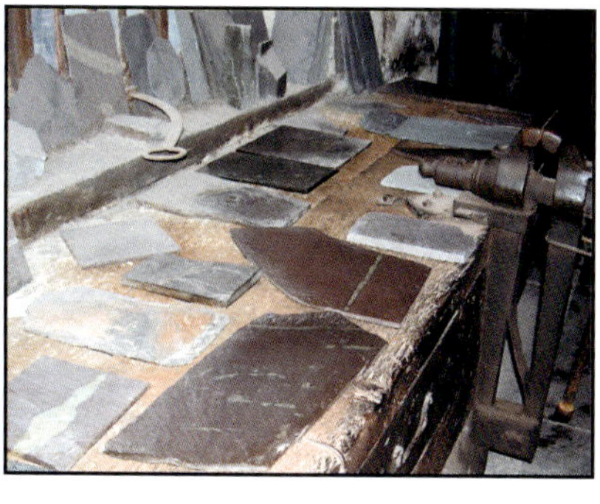

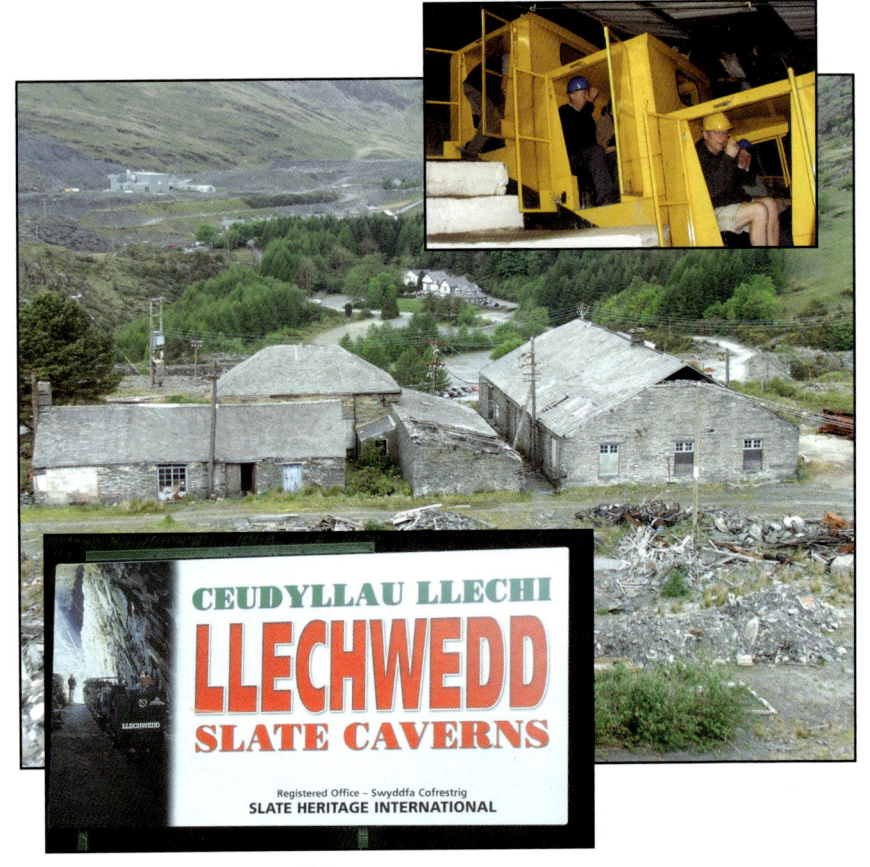

CEUDYLLAU LLECHWEDD
Blaenau Ffestiniog, Gwynedd LL41 3NB.
Ffôn: 01766 830306 / Ffacs: 01766 831260
e-bost: info@llechwedd-slate-caverns.co.uk
lle ar y we: www.llechwedd-slate-caverns.co.uk

Mae'r safle unigryw hwn yn cynnwys dwy daith danddaearol. Tramffordd y Creigwyr yw un ohonynt – taith yng nghwmni tywysydd drwy rwydwaith o agorfeydd rhyfeddol wedi'u naddu o'r mynydd gan y chwarelwyr, rhai ohonynt yn dyddio'n ôl i 1846. Arddangosir gwahanol agweddau ar grefft y creigwyr ym mhob agorfa. Y rheilffordd i'r Chwarel Ddwfn yw'r un serthaf sy'n cario pobl ym Mhrydain. Ar ôl disgyn i'r gwaelod bydd tro 25 munud o hyd yn darlunio bywyd a chymdeithas y chwarelwyr yn oes Fictoria. Yn ôl ar yr wyneb, mae pentref chwarelwyr wedi'i greu sy'n cynnwys gweithdai, tafarn, gefail ac mae bwyty a siop yn y Ganolfan Ymwelwyr.

Ar agor drwy'r flwyddyn; enillydd gwobrau ymwelwyr yn gyson.

93

INIGO JONES

Groeslon, Caernarfon, Gwynedd LL54 7UE.
Ffôn: 01286 830242 / Ffacs: 01286 831247
e-bost: slate@inigojones.co.uk   lle ar y we: www.inigojones.co.uk

Sefydlwyd cwmni trin llechi Inigo Jones yn 1861 mewn hen felin goed ar Stad Glynllifon. Yn wreiddiol roedd yn cynhyrchu llechi sgrifennu i blant ysgol ond yn ddiweddarach arallgyfeiriodd i wneud gwaith enamel ar lechen. Ehangodd y busnes yn sylweddol yn ystod chwarter olaf yr ugeinfed ganrif ac yn 2001 agorwyd siop, oriel a chaffi newydd ar y safle.

Heddiw mae taith hunandywysol o gwmpas y gwaith a'r arddangosfeydd, yn cynnwys fideo o waith chwarel. Gwelir peiriannau trin, siapio a llyfnu llechi o bob lliw a llun ac mae'r cynnyrch pensaernïol a'r crefftau ar werth.

CHWAREL HEN
Llanfair, Harlech, Gwynedd.
Ffôn: 01766 780247
e-bost: owen@llanfairslate.fsnet.co.uk
lle ar y we: www.llanfairslatecaverns.co.uk

Ceir mynediad i'r chwarel hynafol, ond bwysig hon, ar hyd y prif dwnnel sy'n arwain at agoriad anferth a wnaed gan y chwarelwyr yng ngolau cannwyll wêr dros 100 mlynedd yn ôl. Mae'r llechfaen gyda'r hynaf yn y byd – câi'r llechi eu hallforio i drefi Iwerddon a Lloegr o aber afon Artro islaw.

Mae siop nwyddau a chaffi ar y safle; ar agor o'r Pasg hyd yr Hydref.

RHEILFFORDD FACH FFESTINIOG

Gorsaf yr Harbwr, Porthmadog, Gwynedd LL49 9NF.
Ffôn: 01766 516073
e-bost: info@festrail.co.uk   lle ar y we: www.festrail.co.uk

Ewch ar daith 13 milltir ar reilffordd fach sydd wedi chwarae rhan arbennig yn natblygiad diwydiannol y rhan hon o Wynedd. Am 140 o flynyddoedd mae trenau stêm wedi cludo llechi o geudyllau Blaenau Ffestiniog i harbwr Porthmadog. Oddi yno, caent eu cario ar longau i bedwar ban byd.

Ar agor bob dydd o ganol Mawrth hyd ddechrau Tachwedd; ar agor yn ysbeidiol dros y gaeaf.

RHEILFFORDD LLYN PADARN

Llanberis, Gwynedd.
Ffôn / Ffacs: 01286 870549
e-bost: lake-railway.co.uk
lle ar y we: www.lake-railway.co.uk

Taith braf ar hyd Llyn Padarn. Agorwyd gorsaf ychwanegol ym mhentref Llanberis yn 2003. Mae'r brif orsaf ger safle Amgueddfa Lechi Cymru ym Mharc Padarn ac mae'r daith 5 milltir yn ôl ac ymlaen yn dilyn y llwybr y cludid y llechi o'r chwarel tua'r cei yn y Felinheli.

RHEILFFORDD TAL-Y-LLYN
Tywyn, Gwynedd.
Ffôn: 01654 710472 / Ffacs: 01654 711755
e-bost: enquiries@talyllyn.co.uk   lle ar y we: www.talyllyn.co.uk

Mae'r peiriannau stêm yn cludo'r cerbydau o Dywyn ar daith o 7 milltir i fyny'r dyffryn i Abergynolwyn a safle Chwarel Bryneglwys. Hon oedd y rheilffordd gyntaf yn y byd i'w hailagor gan wirfoddolwyr yn 1956. Mae amgueddfa rheilffyrdd bychan yn yr orsaf yn Nhywyn.

RHEILFFORDD ERYRI
Ffordd y Santes Helen, Caernarfon, Gwynedd.
Ffôn: 01286 677018 neu 01766 516000
e-bost: info@festrail.co.uk   lle ar y we: www.festrail.co.uk

Taith ar hyd gwely'r hen reilffordd ddiwydiannol drwy galon Eryri. Mae'r lein wrthi'n cael ei hailadeiladu ar hyn o bryd ac yn y diwedd bydd yn ymestyn o Gaernarfon i Borthmadog.

RHEILFFORDD UCHELDIR CYMRU
Ffordd Tremadog, Porthmadog, Gwynedd LL49 9DY.
Ffôn: 01766 513402
e-bost: webmaster@whr.co.uk   lle ar y we: www.whr.co.uk

Mae'r trip trên bach hwn yn cynnwys ymweliad â siediau'r peiriannau ac yn cynnig cyfle i ddringo arnynt a gweld sut maent yn gweithio. Gellir teithio mewn cerbydau henffasiwn ar daith fer i orsaf Pen-y-Mownt.

RHEILFFORDD AC AMGUEDDFA CORRIS
Iard yr Orsaf, Corris, Machynlleth, Powys SY20 9HS.
Ffôn: 01654 761303
e-bost: enquiries@corris.co.uk
lle ar y we: www.corris.co.uk

Mae'r dramffordd wreiddiol yn dyddio'n ôl i 1850 pan gludid llechi o Gorris Uchaf ac Aberllefenni i'r cei ar afon Dyfi. Caewyd hi yn 1948 ond dechreuwyd rhedeg trenau stêm arni yn 2005. Mae amgueddfa fechan ar y safle.

CASTELL Y PENRHYN
Llandygái, Bangor, Gwynedd LL57 4HN.
Ffôn: 01248 353084 / 371337   Ffacs: 01248 371281
e-bost: penrhyncastle@nationaltrust.org.uk
lle ar y we: www.nationaltrust.org.uk

Hwn oedd cartref y teulu pwerus oedd yn berchennog Chwarel y Penrhyn ym Methesda. Gwnaeth ei arian ar draul caethweision India'r Gorllewin a chwarelwyr Arfon ac mae nifer o luniau ac eitemau perthnasol yn y plasty anferth, ffantasïol hwn sydd bellach yn eiddo i'r Ymddiriedolaeth Genedlaethol. Mae amgueddfa reilffordd ddiwydiannol yn stablau'r castell – lein Chwarel y Penrhyn oedd y rheilffordd ddiwydiannol gyntaf yn y byd.

CERRIG
Stad Ddiwydiannol Glandon,
Pwllheli, Gwynedd LL53 5YT.
Tel: 01758 612645 Ffacs: 01758 612410
e-bost: info@cerrig-granite.com

Cwmni teuluol sy'n cynhyrchu llechi Cymreig yn ogystal ag ithfaen, marmor a cherrig arbennig o bob cwr o'r byd gan greu byrddau cegin, cownteri, placiau, silffoedd ffenestri, aelwydydd a llefydd tân a chofebau.

MYNYDD GWEFRU A PHWERDY TRYDAN DINORWIG
Llanberis.
Ffôn: 01286 870636 / Ffacs: 01286 873002
e-bost: info@electricmountain.co.uk   lle ar y we: www.electricmountain.co.uk

Canolfan ar lan Llyn Padarn gyda ffilmiau, orielau, arddangosfeydd a bistro/caffi. Mae'n fan cychwyn i daith sy'n mynd ag ymwelwyr i grombil y mynydd y naddwyd Chwarel Dinorwig ohono. Lleolwyd Pwerdy Trydan Dinorwig mewn ceudwll anferth yn y llechfaen a gellir gweld sut y defnyddir pŵer dŵr i gynhyrchu trydan ar amrantiad yno.

MARICRAFT SLATE WORLD
Unedau 1 a 2, Stryd Fawr, Blaenau Ffestiniog,
Gwynedd LL41 3ES.
Ffôn: 01766 831028 / Ffacs: 01766 831339
e-bost: len@slatecraft.co.uk   lle ar y we: www.maricraft.co.uk

Cwmni'n cynhyrchu nwyddau yn defnyddio llechen orau Blaenau Ffestiniog yw Maricraft. Yn ogystal â'r anrhegion llechi enwog – matiau bwrdd, clociau, ffaniau ac ati – maent hefyd yn cynhyrchu dewis eang iawn o nwyddau wedi'u paratoi'n bersonol. Mae mynd da ar enwau tai (y llythrennau wedi'u naddu'n ddwfn ac wedi'u lliwio yn ôl y dewis), placiau cyhoeddusrwydd a thlysau gwobrau. Mae'r cwmni'n cynnig gwasanaeth drwy'r post o fewn 5 niwrnod gwaith i dderbyn archeb. Maent hefyd yn darparu llechi llawr, wyneb naturiol.

LLECHEN LAS
Alan a Ianto, Crefftau Llechi Cymreig, Wrysgan Fawr, Tanygrisiau, Blaenau Ffestiniog, Gwynedd LL41 3SB.
Ffôn: 01766 831460

Wedi 36 o flynyddoedd o brofiad fel chwarelwr yn ardal Blaenau Ffestiniog, trodd Alan at greu amrywiaeth o grefftau llechi yn ei weithdy yn Nhanygrisiau. Mae'n creu dodrefn gardd a photiau blodau, pwysau dal drws, ffyn bugail a llwyau caru – y cyfan o'r lechen las.

LLECHI'R BERWYN
Bwlch yr Oernant, Llangollen, Sir Ddinbych LL20 8DP.
Ffôn: 01978 861897 / Ffacs: 01978 869292
e-bost: sales@berwynslate.com   lle ar y we: www.berwynslate.com

Sefydlwyd y chwarel hon tua 1700, ar wythïen o lechfaen 1360 troedfedd uwchlaw lefel y môr wrth ymyl Bwlch yr Oernant yn y bryniau rhwng Llangollen a Rhuthun. Buddsoddwyd yn helaeth yn y safle ar ôl 1991 pan ymgymerwyd â'r gwaith gan gwmni teulu Bickfords o Abertawe. Gyda pheiriannau torri a sgleinio, cynhyrchir llawer o deils llawr a chrawiau, cerrig aelwyd, siliau ffenestri ac wynebau ar unedau cegin, yn ogystal â llechfaen garwach ar gyfer adeiladu.

THE SLATE SIGN COMPANY
9 Ffordd y Bontfaen, Pontyclun, Morgannwg CF72 9EA.
Ffôn: 01443 225224 / Ffacs: 01443 228354
lle ar y we: www.slatesign.co.uk

Cynhyrchu arwyddion tai, placiau gan ddefnyddio llechi Cymreig.

THE SLATE WORKSHOP
(Richard a Fran Boultbee)
Melin Pont Hywel, Llangolman, Clunderwen, Sir Benfro SA66 7XJ.
Ffôn / Ffacs: 01994 419543
e-bost: dothebiz@slate-workshop.co.uk   lle ar y we: www.slate-workshop.co.uk

Cwmni'n cynhyrchu nwyddau cain a gorffenedig o lechfaen mewn hen felin yw Slate Workshop. Yn ogystal ag enwau a rhifau tai, placiau coffa, a chlociau haul, mae Richard yn creu cerflunwaith hardd, clociau, lampau, byrddau caws, cawgiau dal blodau a nwyddau bwrdd. Gwasanaeth drwy'r post ar gael.

WILLIAM RICE
Crefftwr cain o Flaenau Ffestiniog sy'n arddangos a gwerthu ei waith mewn orielau a siopau.

Mae'n hanu o deulu chwarelwyr ym Mlaenau Ffestiniog ac yn byw a gweithio yno o hyd. Cyfunodd yr hen grefft gyda dawn beirianyddol ac mae'n turnio llechi i safon uchel ryfeddol ers 1968. Mae'n defnyddio gwahanol lechi o amrywiol chwareli i gael cyfuniad diddorol o liwiau yn ei waith.

CLEAN SLATE DESIGN Cyf.
Craig y Tân, Trawsfynydd,
Gwynedd.
Ffôn: 01766 540885
lle ar y we:
www.cleanslatedesign.co.uk

Cynhyrchu dodrefn llechi o safon uchel a chynlluniau modern ar gyfer gerddi.

SNOWDONIA NATURAL SLATE PRODUCTS
Benar View, Blaenau Ffestiniog, Gwynedd.
Ffôn: 01766 832570
Symudol: 07813016615
e.bost: info@snowdonianaturalslateproducts.co.uk
lle ar y we: www.snowdonianaturalslateproducts.co.uk

Cwmni sy'n creu cynnyrch llechi amrywiol o lechfaen leol gan ddefnyddio crefftwyr lleol. Ymysg y nwyddau a gynhyrchir mae crefftau, cerrig beddau a chofebau, teils llawr, arwyddion, lleoedd tân, cerrig aelwyd a llechi gardd. Defnyddir y dechnoleg gyfrifiadurol ddiweddaraf i gynllunio ac ysgythrir wyneb y llechfaen yn ôl gofynion personol.